Dynamische Webseiten: Einstieg in HTML, PHP und MySQL

2. Auflage mit MySQL und MySQLi

Marco Schuchmann

Bibliografische Information der Deutschen Nationalbibliothek:
Die Deutsche Nationalbibliothek verzeichnet diese Publikation
in der Deutschen Nationalbibliografie; detaillierte bibliografische
Daten sind im Internet über dnb.dnb.de abrufbar.

Herstellung und Verlag: BoD – Books on Demand, Norderstedt

ISBN 978-3-8370-6611-1

Inhalt

1   EINLEITUNG 6

2   HTML-EINFÜHRUNG 11

2.1   Seitenaufbau 12

2.2   Befehlsaufbau 14

2.3   Umlaute und Sonderzeichen 16

2.4   Kommentare 17

2.5   Textformatierung 18
    2.5.1   Zeilenumbrüche 18
    2.5.2   Überschriften.. 18
    2.5.3   Aufzählungen 19
    2.5.4   Schriftgestaltung 20
    2.5.5   Formatierung 22

2.6   Hyperlinks 24

2.7   Grafiken und Bilder 25

2.8   Tabellen 27

2.9   Formulare 29

3   MYSQL..34

3.1   Verwendung des PHPMyAdmins................................... 34

3.2   SQL-Befehle 40

3.3   Datentypen 44

4 EINSTIEG IN DIE PHP-PROGRAMMIERUNG MIT BEISPIELEN 47

4.1 PHP-Grundlagen 47

4.2 Beispiele für die Anwendung von PHP 58

4.3 Modularisierung 60

4.4 Zugriff auf eine MySQL-Datenbank per PHP 61

4.5 Beispiel für den Zugriff auf eine Datenbank 65

4.6 Beispiel für diverse Datenbankoperationen über eine Web-Seite 69

4.7 Kleines Javascript-Beispiel 92

4.8 Grafiken mit PHP generieren 93
    4.8.1   Sehr einfache Version eines Spieles 93
    4.8.2   Eine etwas komfortablere Version des Spieles 95
    4.8.3   Beispiel für die Generierung von Grafiken mit PHP: Erstellung eines
    Diagramms mit Grafikbefehlen 97

4.9 Münzspiel mit Einsatz 102

4.10 Anwendungsbeispiel Chat 105

1 Einleitung

In diesem Buch werden zunächst Grundlagen zu HTML, MySQL und PHP vermittelt, mit denen man dynamische Webseiten erstellen kann. Danach wird beschrieben, wie man mit diesen Grundlagen kleinere Anwendungen programmieren kann, wie ein einfaches Browsergame oder einen Chat. Falls man die Programme nicht selbst eingeben möchte, können diese unter der Adresse www.galaxieswar.de/Buch herunter geladen werden.

HTML dient zur Formatierung einer Webseite. Hiermit kann ein Text formatiert, Bilder, Tabelle oder auch Hyperlinks eingefügt werden. Außerdem kann man mit HTML ein Formular für die Eingabe von Daten (z.B. Namen oder Adressen) erstellen. Für die Eingabe der beschriebenen HTML-Kommandos können beliebige HTML-Editoren verwendet werden. Diese kann man auch als Freeware im Internet herunterladen, wobei es auch kommerzielle Editoren wie Frontpage oder Dreamweaver gibt. Wir können aber für die Eingabe der HTML- und PHP-Kommandos auch einfach einen Editor, wie z.B. den Windows-Editor, verwenden.

PHP ist eine serverseitige Programmiersprache. Damit läuft ein PHP-Programm auf einem Server ab und nicht bei dem, der sich die entsprechende Seite anschaut. Im Gegensatz zu Javascript, dass beim Anwender abläuft. D.h. mit PHP kann man beispielsweise keine Grafik verändern, sobald sich die Maus über der Grafik bewegt. Sollen aber Daten in einer Datenbank gespeichert werden, auf die andere zugreifen können, oder sollen Daten zwischen zwei Personen - die sich an verschiedenen PCs eine Seite ansehen - ausgetauscht werden (z.B. bei einem Forum, Chat, oder auch Browsergames mit mehreren Spielern), dann benötigt man eine serverseitige Programmiersprache, wie PHP.

Grundsätzlich funktioniert es so, dass eine Eingabe (z.B. über ein HTML-Formular) von einem Anwender an einen Server geschickt wird, auf dem sich PHP und MySQL befinden. Dabei wird beispielsweise eine Seite, die sich auf dem Server befindet, durch das Abschicken eines HTML-Formulars aufgerufen. Auf dem Server wird dann das PHP-Programm, welches in diese Seite eingebunden ist, abgearbeitet. Hier können dann auch gesendete Daten beispielsweise in einer MySQL-Datenbank gespeichert werden. Die Seite, die der Anwender aber in seinem Browser sieht, enthält nur HTML-Anweisungen. Somit sehen Anwenderinnen und Anwender auch nicht die dahinterstehenden Programmen.

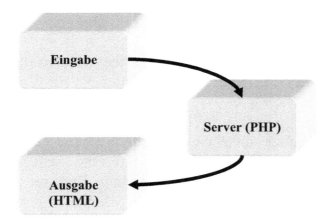

Möchte man seine geschriebenen PHP-Programme testen, so könnte man die entsprechenden Seiten auf den Server eines Providers laden und sich diese im Browser ansehen.

Oder man erstellt zu Hause einen eigenen Server, den man zum Testen von PHP-Programmen verwendet. Mit ein paar einfachen Schritten kann man ganz schnell seinen eigenen PC oder Laptop zu einem Apache-Server machen.

Wir verwenden im Folgenden das Paket XAMPP, um nicht PHP, MySQL und den Apache-Server einzeln installieren zu müssen. In diesem Paket sind Freeware-Tools enthalten.

Installation von XAMPP:

Als erstes kann das XAMPP Paket heruntergeladen werden, welches den Apache-Server, PHP, MySQL und einige andere Tools enthält.

XAMPP kann auf der Internetseite www.apachefriends.org heruntergeladen werden. Lädt man die Installer-Version von XAMPP, dann kann man Apache und MySQL als Dienst installieren oder diese Dienste im Contol Panel aktivieren (siehe nächste Abbildung), indem man jeweils daneben auf "Start" klickt. Die Ikone zum Starten des XAMPP Control Panels befindet sich nach der Installation auf dem Desktop oder im Startmenü, wenn man Windows verwendet (wobei das Programm auch im XAMPP-Verzeichnis zu finden ist).

Man könnte auch Apache und MySQL als Service installieren, womit nach jedem Neustart des PCs die Tools automatisch zur Verfügung stehen.

Um sich die HTML-Seiten ansehen zu können, wird kein Server benötigt. Dazu kann man einfach doppelt auf eine Seite mit der Endung html klicken, wobei diese dann über einen Browser geöffnet wird. Diese geht selbst dann, wenn diese HTML-Seiten Javascript-Programme enthalten, denn Javascript wird vom Browser „interpretiert".

Für die Verwendung der PHP-Beispiele muss Apache gestartet werden und für die MySQL-Beispiele muss zusätzlich auch MySQL gestartet werden. Dies kann man, wie oben beschrieben, mit dem Control Panal tun.

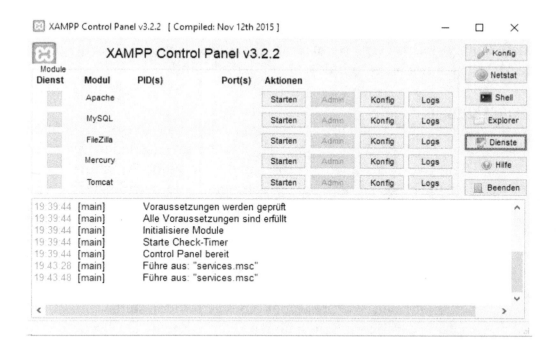

Alle PHP-Dateien müssen aber im Verzeichnis c:\XAMPP\htdocs stehen und man kann sich im Gegensatz zu reinen HTML- und Javascript-Seiten, wie oben beschrieben, Resultate von PHP-Programmen nur ansehen, wenn man diese im Browser über die Serveradresse öffnet. Falls Du einen Browser öffnest und die URL („www-Adresse") http:\\localhost eingibst, landest Du automatisch in diesem Verzeichnis, d.h. es werden Dateien aus diesem Verzeichnis angezeigt und PHP-Programme werden "ausgewertet". PHP-Programme werden, wie wir später noch sehen, in HTML-Seiten eingebaut, wobei die Datei dann die Endung php haben muss. Befindet sich in einem Verzeichnis eine Datei mit dem Namen index.html oder index.php, so wird nie der Inhalt des Verzeichnisses angezeigt, sondern nur diese Datei.

Für alle PHP-Programme, die noch geschrieben werden, kannst Du unter c:\XAMPP\htdocs beispielsweise ein Verzeichnis mit dem Namen „Beispiele" anlegen und hier eventuell Unterverzeichnisse für verschiedene Typen von Beispielen. Den Inhalt dieses Ordners sieht man dann im Browser, wenn dort „localhost/Beispiele" eingegeben wird und sich noch keine Index-Datei darin befindet.

Bemerkungen:
- Alle HTML- und PHP-Dateien für diverse Beispiele können unter www.galaxieswar.de/Buch herunter geladen werden. Hier werden auch Infos und Downloads zum Buch bereitgestellt. Gerade bei Änderungen, wie beispielsweise von der Umstellung von mysql auf mysqli.
- Bei den folgenden Beispielen können auch andere Namen für die HTML- und PHP-Seiten verwendet werden. Die Seitennamen sollten aber möglichst keine Leerzeichen enthalten. Falls Du das Betriebsystem Linux verwendest oder Seiten auf den Webspace bei einem Provider stellst, musst Du auch bei den Seitennamen die Klein-/Großschreibung beachten. Auf vielen Servern ist das Betriebssystem Linux installiert.
- Ab PHP 7 stehen die PHP-Befehle/Funktionen `mysql_`... zum Zugriff auf MySQL-Datenbanken nicht mehr zur Verfügung, die neuen Funktionen heißen `mysqli_`... . Hier wird dann der Einfachheit halber von MySQLi gesprochen, obwohl die MySQL-Befehle dieselben sind, es geht nur um die Zugriff von PHP auf MySQL.

Hier sind einige Seiten, auf denen man sich über HTML, PHP und MySQL informieren kann:

www.apachefriends.org, www.mysql.de, www.php.de, www.phpforum.de, www.selfhtml.org

Achtung: Ich kann keine Verantwortung für die Inhalte unter angegebene Links übernehmen und distanziere mich auch von Inhalten angegebener Links und Links auf angegebenen Seiten!

2 HTML-Einführung

Die **H**yper**t**ext **M**arkup **L**anguage (HTML) ist ein Dokumentenformat bzw. eine Kennzeichnungssprache (nicht mit einer Programmiersprache zu verwechseln) für Webseiten. HTML wird für die optische Gestaltung einer Internetseite verwendet. Mit ihr wird der Seitenaufbau wie z.B. die Zeilenumbrüche, die Überschriften usw. festgelegt. HTML-Dokumente bestehen zum größten Teil aus Texten und Anweisungen, die zur Textformatierung benötigt werden. Solche Anweisungen werden TAGs genannt, wobei die Groß- und Kleinschreibung in dem hier verwendeten HTML-Programm keine Rolle spielt (im Gegensatz zu PHP). HTML-Seiten können mit jedem beliebigen Text-Editor bearbeitet werden (die keine speziellen Steuerzeichen einfügt, wie z.B. bei Word).

In den TAGs können, wie wir später sehen werden, Optionen eingebaut werden mit <TAG Option1 Option2 ...> und es können auch sogenannte Eventhandler eingefügt werden. Mit Eventhandlern können bei bestimmten Aktionen des Benutzers (bei einem Mausklick oder falls die Maus über einem Bild bewegt wird) eine Javascript-Funktion oder Anweisung ausgeführt werden.

Im HTML-Quellcode gesetzte Leerzeichen, Einrückungen und Zeilenumbrüche werden vom Webbrowser als solche ignoriert. Mit dem TAG <PRE>...</PRE> jedoch, kann man einen präformatierten Text einfügen. Der Text wird dann später so ausgegeben, wie man ihn eingegeben hat, d.h. mit Zeilenumbrüchen und Leerzeichen.

Um den Text mit Überschriften, verschiedenen Schriftarten, oder auch einfachen Textformatierungen, wie Kursiv- bzw. Fettschrift zu verschönern, gibt es viele verschiedene TAGs. Mit Verschachtelungen von HTML-Befehlen ist es möglich verschiedene Befehle miteinander zu kombinieren, z.B. um einen Text gleichzeitig fett und kursiv darzustellen.

2.1 Seitenaufbau

Eine gewöhnliche HTML-Datei besteht mindestens aus zwei Komponenten:

- Header (Kopf)
  Enthält Informationen über Titel, Programmskripte usw.

- Body (Körper)
  Enthält den eigentlichen Text mit Überschriften, Verweisen usw.

wobei die Informationen im Header nicht angezeigt werden.

Wir wollen nun den allgemeinen Aufbau einer HTML-Seite anhand eines HTML-Skriptes erklären.

```
<HTML>
   <HEAD>
      <TITLE> Text des Titels </TITLE>
   </HEAD>
   <BODY>
      Texte, Verweise, Formulare usw.
   </BODY>
</HTML>
```

Diese Anweisungen kannst Du z.B. in den Editor (unter Windows → Start → Programme → Zubehör → Editor) eingeben.
Achtung: Die Datei muss als HTML-Datei abgespeichert werden (Dateiname.html). Dazu muss man beim Abspeichern den Dateityp auf „alle Dateien" stellen, da die Datei sonst die Endung txt erhält und nicht im Browser geöffnet wird.

Um den Quellcode einer HTML-Datei zu ändern, kann man diese mit der rechten Maustaste anklicken und öffnen mit Editor wählen.

Du kannst, als kleines **Beispiel**, die folgenden HTML-Anweisungen im Editor eingeben und speichern (mit der Endung html):

```
<HTML>
        <HEAD>
                <TITLE> test </TITLE>
        </HEAD>

        <BODY>
                Hallo Welt
<!-- Hier steht ein Kommentar //-->
        </BODY>
</HTML>
```

Bei den HTML-Kommandos spielt die Klein-/Großschreibung keine Rolle!

Aber **Achtung**: Bei den PHP-Kommandos, auf welche wir später näher eingehen werden, muss diese beachtet werden. Bei PHP genügt es außerdem schon, dass nur ein Semikolon fehlt und schon wird die Seite nicht mehr angezeigt. HTML ist hingegen nicht so problematisch und auch eher robust gegenüber Fehlern. Ein falsches TAG wird entweder nicht berücksichtigt oder als Text mit ausgegeben.

Für die Eingabe von PHP-Seiten bzw. Skripten muss kann ebenfalls der Editor von Windows (findet man unter Start und Zubehör) oder auch von Linux verwendet werden. Gibt man aber längere PHP-Programme ein und wird später über den Browser eine Fehlermeldung angezeigt, so wird immer die Zeilennummer angegeben, in der sich der Fehler befinden kann. Hier ist eine Fehlersuche bei großen Programmen relativ mühsam. Mit einem PHP-Editor wird die Suche natürlich viel einfacher. Hier kann man beispielsweise den Freeware-Editor PSPad herunterladen (einfach bei Google die Suchbegriffe PSPad und download eingeben). Mit diesem Editor können ebenfalls HTML-Seiten eingegeben und bearbeitet werden.

2.2 Befehlsaufbau

HTML-Befehle sind wie folgt aufgebaut:

```
<TAG Attributliste > Text </TAG>
```

In den TAGs stehen auch die Formate, bzw. Eigenschaften der darauf folgenden Texte, Tabellen, Bilder, etc., wie z.B. Schriftgröße, Größe und Format.

Das folgenden **Beispiel** zeigt eine Textformatierung mit dem TAG <FONT>, wobei die Textgröße (size) auf "5" gesetzt wird.

```
<FONT size = "5"> Text </FONT>
```

Hier würde im Browser das Word „Text" in der Größe 5 ausgegeben werden.

Man kann auch TAGs verschachteln, um beispielsweise einen Teil des Textes kursiv (<I></I>) und einen anderen Teil kursiv und fett (<B></B>) auszugeben:

```
<I> Text nur kursiv <B> Text kursiv und fett </B></I>
```

Hier würde

Text nur kursiv ***Text kursiv und fett***

ausgegeben werden.

<u>Beispiel:</u>

```
<HTML>
        <HEAD>
                  Beispiel zum Befehlsaufbau
        </HEAD>
        <BODY>
<FONT size = "12"> <B><U>  Überschrift </B></U> </FONT>
<BR>
<FONT size = "9"> Text <BR> <I> Name </I> </FONT>
        </BODY>
</HTML>
```

Das BR-TAG im obigen Beispiel erzeugt einen Zeilenumbruch.

2.3 Umlaute und Sonderzeichen

Viele Umlaute und Sonderzeichen können z.T. nicht direkt vom Browser ausgegeben werden, sondern müssen wie folgt ersetzt werden:

Zeichen	Ersetzung
Ä ä	Ä ä
Ö ö	Ö ö
Ü ü	Ü ü
ß	ß
> <	> <
"	"
&	&

Beispiel zur Verwendung von Umlauten und Sonderzeichen in einem HTML-Text :

```
...
Das Zeichen &gt; steht f&uuml;r gr&ouml;&szlig;er
als
...
```

Die drei Punkte oben stehen für HTML-Elemente, die zusätzlich mit in dieser Seite vorhanden sein können. Beispielsweise auch für die TAGs <HTML> und <HEAD>, die eine HTML-Seite und den Kopf festlegen. Es muss aber nicht unbedingt der formale Seitenaufbau, wie am Anfang beschrieben, eingehalten werden. Die meisten Browser interpretieren auch so die HTML-Kommandos korrekt.

2.4 Kommentare

Im Allgemeinen fangen Kommentare durch die Zeichenfolge <!-- an.
Hinter dieser Zeichenfolge kann ein beliebig langer Kommentar
stehen. HTML bietet zwei Arten von Kommentaren an. Am Ende
eines einzeiligen Kommentars steht die Zeichenfolge -->.

Der untere Ausdruck zeigt den richtigen Aufbau eines Kommentars:

```
...
<!-- Das ist ein
     mehrzeiliger Kommentar -->
...
```

2.5 Textformatierung

2.5.1 Zeilenumbrüche

In HTML werden Zeilenumbrüche, die man im Quelltext eingibt, im Webbrowser nicht angezeigt. Damit Zeilenumbrüche im Browser ausgeben werden, kann man in HTML das TAG <BR> vor den Text setzen, welcher in die nächste Zeile versetzt werden soll. Alles was hinter <BR> steht, wird dann automatisch in die nächste Zeile gerückt.

Beispiel:

```
...
Dieser Text geht <BR> hier in einer neuen Zeile
weiter.
...
```

2.5.2 Überschriften

In HTML stehen sechs unterschiedlich große Überschriften zur Verfügung. Diese können mit <H1>, …, <H6> festgelegt werden.

Beispiel:

```
...
<H6> &Uuml;berschrift Gr&ouml;&szlig;e 6 </H6>
...
```

Hierbei ist <H1> die größte und <H6> die kleinste Überschrift.

2.5.3 Aufzählungen

Mit dem TAG <UL> und <LI> kannst Du Aufzählungszeichen vor
den Text setzen lassen. Verwendet man <OL> statt <UL>, so wird
eine Nummerierung angezeigt.

Beispiel:

```
. . .
<UL>
<LI> Aufzählung 1 </LI>
<LI> Aufzählung 2 </LI>
<LI> Aufzählung 3 </LI>
</UL>
. . .
```

Im Browser würde hier folgendes erscheinen:

- Aufzählung 1
- Aufzählung 2
- Aufzählung 3

2.5.4 Schriftgestaltung

In der Praxis werden zur Textgestaltung und Positionierung von Texten in einer Website oft auch CSS (engl. Cascading Style Sheets) benutzt. Wir werden auf dieses nicht weiter eingehen. Wir wollen in diesem Buch lediglich eine einfache Möglichkeit vorstellen, bestimmte Stellen eines Textes zu formatieren. Hierbei hilft uns der Befehl <FONT>.

Dabei kann mit <FONT size = …> die Schriftgröße und mit <FONT face = …> die Schriftart bestimmt werden.

Beispiel:
```
...
<FONT size = 7 > Schriftgröße 7 </FONT><BR><BR>
<FONT size = 6 > Schriftgröße 6 </FONT><BR><BR>
<FONT size = 5 > Schriftgröße 5 </FONT><BR><BR>
<FONT face =  "Arial"  > Schriftart Arial
</FONT><BR><BR>
<FONT face =  "Times New Roman" > Schriftart Times
New Roman </FONT><BR><BR>
...
```

Es ist ebenfalls möglich die Schriftgröße und –art, wie im folgenden **Beispiel**, in einen FONT-TAG zu schreiben:

```
...
<FONT size = 7; face =  "Arial"  > </FONT><BR><BR>
...
```

Mit der Option color im TAG <FONT> kannst Du die Farbe des Textes ändern. Die Zusammenstellung der Farbe (Menge von Rot-, Gelb-, und Grünanteil) wird hierbei in Hexadezimal-Zahlen angegeben. Dabei stehen die ersten 2 Ziffern für den Rot- die mittleren beiden für den Gelb- und die letzten beiden für den Grünanteil.

Beispiel:

```
...
<font color="#FF0000">knallroter Text</font>
<font color="#0000FF">blauer Text</font>
...
```

Eine Tabelle in der Du das Mischverhältnis für einige Farben ablesen kannst, findest Du beispielsweise unter der Adresse buch.galaxieswar.de/Farben.html .

Man kann aber auch die Farben direkt angeben. D.h. man könnte oben auch color = "red" als Option angeben, falls der Text in rot erscheinen soll.

2.5.5 Formatierung

Zum Formatieren von längeren Texten gibt es verschiedene hilfreiche TAGs. Im Folgenden werden die geläufigsten erläutert:

Um den Text linksbündig, rechtsbündig oder zentriert auszurichten, nutzt man im P-TAG, der auch einen Absatz festlegt, die Option align:

`<P align =` `left|right|center|justify` `>` `Text` `</P>`

Im folgenden **Beispiel** wird ein Textteil als Absatz linksbündig dargestellt:

`<P align =` `left >` `Linksb&uuml;ndiger Text` `</P>`

Das End-TAG </P> ist in HTML optional, d.h. er muss nicht zwingend angegeben werden. Vor <P> uns hinter </P> ist dann eine Leerezeile, wie bei Absätzen üblich, zu sehen. Ähnlich wie bei der Benutzung zweier BR-TAGs.

Mit dem TAG <HR> kann man eine horizontale Trennlinie in Ihr HTML-Dokument einfügen lassen (siehe Beispiel unten).

Beispiel:

```
...
<H5> einfacher Zeilenumbruch mit BR </H5>
Ein Zeilenumbruch <BR>
mit dem BR-TAG
<HR>
<H5> Doppelter Zeilenumbruch/Absatz mit BR </H5>
 Zeile 1 <BR><BR> Zeile 2
<HR>
<H5> Absatz mit P </H5>
Zeile 1 <P> Zeile 2 </P> Zeile 3
...
```

Bei manchen Browsern darf der P-TAG allerdings keine anderen blockerzeugende Elemente wie z.B. Überschriften, Textabsätze oder Listen enthalten. Das bedeutet für HTML: Beim ersten Auftreten eines TAGs, welches nicht mehr im aktuellen Textabsatz erlaubt ist (beispielsweise <TABLE>), wird der Textabsatz vom Browser automatisch (mit einem intern hinzugefügten </P>) geschlossen. Die meisten Browser würden das in diesem Fall überflüssige </P> ignorieren.

Mit dem TAG <PRE> werden die Formatierungen, wie Zeilenumbrüche oder Leerzeichen, welche im Editor eingeben werden, genau so im Webbrowser übernommen. Dieses TAG ist besonders hilfreich um große Texte mit vielen Umbrüchen ausgeben zu lassen.

<u>Beispiel:</u>

```
<HTML>
     <HEAD>
          <TITLE>
          Unterschieds zwischen BR und PRE
          </TITLE>
     </HEAD>
     <BODY>
          Umbruch <BR> nach <BR> jedem <BR> Wort
          <BR> mit <BR> dem <BR>
          TAG <BR> BR
          <BR>  <HR>  <BR>
           <PRE> Umbruch
                nach
                jedem
                Wort
                mit
                dem
                PRE-TAG
          </PRE>
     </BODY></HTML>
```

2.6 Hyperlinks

Verlinkungen werden in HTML wie folgt eingegeben:

<**A href** = „*Zieladresse*"> *Text der angeklickt werden muss um auf die verlinkte Seite zu gelangen* </**A**>

<u>Beispiel:</u>
```
...
<A href = "http://www.mathe-total.de"> Hier geht's
zu mathe-total.de </A>
...
```

2.7 Grafiken und Bilder

In HTML kann man nicht nur Texte vom Webbrowser ausgeben, sondern auch Bilder und Grafiken in eine Website einfügen lassen. Dabei kann man die gewünschte Größe, sowie die Position des Bildes festlegen. Dies alles funktioniert wie folgt:

```
<IMG src = "Pfad auf dem das gewünschte Bild liegt"
width = "Bildbreite in Pixel" height = "Bildhöhe in
Pixel" alt = "Alternativtext, der erscheint, falls
die Grafik nicht angezeigt werden kann" align =
"top|middle|bottom" border = "Randbreite in Pixel">
```

Das Attribut alt, also die Angabe eines Alternativtextes sollte immer eingegeben werden.

Beispiel:

```
...
<img src="bild.jpg" height='100' width='100' alt =
"Bild">
...
```

Durch das Speichern von Grafik und HTML-Datei im selben Ordner, kann auf die Angabe des Pfades verzichtet werden und man muss lediglich den Namen der Grafik als Quelle (src=…) angeben. Befindet sich die Grafik in einem anderen Ordner, so kann auch der gesamte Pfad angegeben werden oder nur der Unterordner-Name, falls sich der Unterordner im selben Verzeichnis befindet:

```
<img src="\Unterordner-Name\bild.jpg">
```

Verlinkung von Grafiken

Neben der Möglichkeit einen Text zu verlinken hat man ebenfalls die Möglichkeit, Grafiken zu verlinken. Anstelle des Textes fügt man dann einfach das gewünschte Bild ein.

Beispiel:

```
...
<a href ="http://www.mathe-total.de"> <img
src="bild.jpg" height='100' width='100'> </a>
...
```

Man kann als Anführungszeichen, wie man oben sieht, entweder " oder ' (Zeichen über der Raute) verwenden. Ebenso kann man die Höhe bzw. Breite bei einigen Browsern auch ohne Anführungszeichen angeben.

2.8 Tabellen

Mit dem TABLE-TAG können Tabellen erstellt werden. D.h. mit

```
<TABLE [border = Pixel] [width = Pixel|%]> . . .
</TABLE>
```

beginnt und endet eine Tabelle. Mit

```
<TR [align = left|center|right]> . . . </TR>
```

beginnt und endet eine Zeile der Tabelle. Dazwischen kann man mit

```
<TD [align = left|center|right] [width = Pixel|%]>
. . . </TD>
```

beliebig viele Zellen anzeigen lassen. Für Überschriften kann anstelle von TD auch TH verwendet werden. Zusätzlich kann man auch die Hintergrundfarbe für jede Zelle oder Zeile mit der Option bgcolor angeben. Gibt man die Option border nicht an, wird kein Rahmen angezeigt, falls man beispielsweise Tabellen zur Formatierung einer Seite verwenden möchte.

Achtung: Die eckige Klammer gehört nicht zur Anweisung. Sie soll nur zeigen, dass man die in der Klammer stehenden Optionen mit angeben kann, aber nicht muss. Ich stelle hier auch nicht alle möglichen Optionen vor, sondern nur eine Auswahl. D.h. im Allgemeinen sind noch mehr Optionen möglich. Der senkrechte Strich bedeutet oder. D.h. man kann z.B. align = left oder align = right als Option angeben.

Im Beispiel stellen wir zusätzlich die Hintergrundfarbe einer Zeile ein.

Beispiel:

```
<TABLE border="1">
<TR bgcolor ="#999999">
<TH>Farbe</TH>
<TH>Nummer</TH>
<TH>Name</TH>
</TR>
<TR>
<TD>Rot</TD>
<TD>123</TD>
<TD>Tim</TD>
</TR>
<TR >
<TD>gelb</TD>
<TD>456</TD>
<TD>Lisa</TD>
</TR>
</TABLE>
```

Auf dem Bildschirm wird dann die folgende Tabelle angezeigt:

Farbe	Nummer	Name
rot	123	Tim
gelb	456	Lisa

2.9 Formulare

HTML bietet die Möglichkeit Formulare zu erstellen. Ein Formular kann mehrere Eingabefelder enthalten. Die dort eingegebenen Werte werden dann z.B. beim Abschicken des Formulars an den Webserver geschickt. Dort können sie z.B. in einer Datenbank gespeichert werden.

Ein Formular kann nun aus Eingabefelder, Klappfelder, Buttons usw. bestehen, denen man einen Namen gibt (mit name="..."). Unter diesen Namen werden dann die Werte gespeichert, die eingegeben wurden.

Der Anwender kann in den Formularen z.B. in Textfeldern einen mehrzeiligen Text eingeben, aus Listboxen einen für ihn passenden Eintrag auswählen und noch viele Dinge mehr. Wenn der Nutzer das Ausfüllen des Formulars beendet hat, kann er durch Klicken eines "Submit-Button" die eingetragenen Daten an den Server abschicken.

In HTML haben Formulare ihre ganz speziellen TAGs. Ein Formular besteht i.A. aus drei Komponenten: Dem „Formular"-TAG <FORM>, verschiedene Formulareingabe-TAGs und in der Regel zwei Schaltflächen, wobei mit der Ersten die Formulardaten abgeschickt („Submit-Button") und mit der Zweiten die Formulareinträge zurückgesetzt werden („Reset-Button") können. Solche Formulare begegnen uns jeden TAG im Internet, wenn man dort z.B. Bücher, Tickets, Kleidung oder Sonstiges suchen oder kaufen möchten.

Es gibt zwei Möglichkeiten zum Verschicken der Daten, die im FORM-TAG über „method" festgelegt werden: POST oder GET. Mit POST sieht der Benutzer die verschickten Daten nicht. Mit GET werden die Daten über die URL in der folgenden Form übergeben: Adresse.php?Feldname1=Wert1&Feldname2=Wert2...

Ein Formular beginnt mit

```
<FORM action = "URL" method = "post"|"get">
```

(zur Erinnerung: | bedeutet oder) und endet mit:

```
</FORM>
```

Dazwischen können HTML-Befehle für Eingabefelder, Schaltflächen, Klappfelder, ... stehen, wie im Beispiel zu sehen ist. Ein Formular werden wir später im Kapitel zu PHP verwenden, um Werte zu übergeben, die z.T. auch in einer Datenbank gespeichert werden. Im unteren Beispiel sieht man verschiedene Eingabe-Elemente eines Formulars. Unter „action" gibt man die URL an, die aufgerufen werden soll, sobald das Formular abgeschickt wird. Unten werden die Daten an eine e-Mail-Adresse verschickt (xyz@xyz.de).

Beispiel zur Erstellung eines Formulars:

```
...
<form action = "mailto:xyz@xyz.de"
     method = "post">
<input name = "Textzeile" size = 40
maxlength = 80 value = Textzeile> <br><br>

<textarea name = "Textfeld" rows = 4 cols = 40>
Texteingabefeld </textarea><br><br>

<select name="Auswahlliste" size=1>
     <Option value="1"> Option 1
     <Option value="2"> Option 2
     <Option value="3"> Option 3
</select><br><br><br><br>

<input type= "Radio" name="radio" value="1"
checked>Radioknopf 1 <br>
<input type= "Radio" name="radio" value="2">
Radioknopf 2<br><br>
```

```
<input type= "Checkbox" name="Check" value="1" >
Checkbox 1 <br>
<input type= "Checkbox" name="Check" value="2">
Checkbox 2<br><br>

<input type= "submit" value="Abschicken">
<input type= "reset" value="Zur&uuml;cksetzen">
</form>
...
```

Im Browser sieht man hier dann:

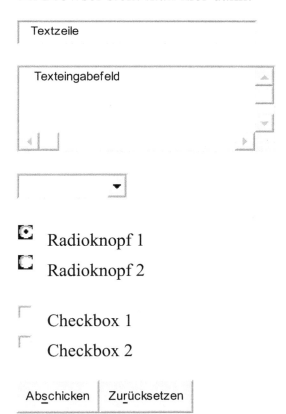

Beispiel für Formular mit Ausgabe über PHP:

Wir wollen kurz vorgreifen und zeigen, wie man die Daten eines Formulars mit PHP weiter verarbeiten kann. Der PHP-Programmcode befindet sich zwischen „<?php" und „?>". Den echo Befehl kann man für die Ausgabe von html Anweisungen verwenden. Innerhalb von PHP muss, wie bereits erwähnt, die Klein- und Großschreibung beachtet werden. Die Dateien eingabe.html und ausgabe.php müssen im selben Unterverzeichnis von c:\XAMPP\htdocs oder direkt hierin stehen.

eingabe.html:

```
<html>
   <head>
     <title> Formular </title>
   </head>
   <body>
     <form action = "ausgabe.php" method = "post">
     Wie geht es Dir?<br>
     <select name="Liste" size=1>
     <Option value="sehr gut"> sehr gut
     <Option value="gut"> gut
     <Option value="schlecht"> schlecht
     </select><br><br>
     Warum?<br>
     <textarea name = "Antwort" rows = 4 cols = 40>
     </textarea><br><br>
     <input type= "submit" value="Abschicken">
     </form>
   </body>
</html>
xxx
```

ausgabe.php:

```html
<html>
   <head>
     <title> Ausgabe </title>
   </head>
     <?php
     $Liste = $_POST["Liste"];
     $Antwort = $_POST["Antwort"];
     echo "Dir geht es $Liste !<br>";
     echo "Der Grund ist:<br> $Antwort";
     ?>

   </body>
</html>
```

In der unteren Tabelle sind noch mal einige mögliche Felder in einem Formular zusammengefasst:

Input - Typ	TAG
Textzeile	`<INPUT>`
Texteingabefeld	`<TEXTAREA></TEXTAREA>`
Auswahlliste	`<SELECT></SELECT>`
Radioknopf	`<INPUT type = "radio">`
Kontrollfeld	`<INPUT type = "checkbox">`
Versteck	`<INPUT type = "hidden">`
Schaltfläche Abschicken	`<INPUT type = "submit">`
Schaltfläche Zurücksetzen	`<INPUT type = "reset">`

3 MySQL

3.1 Verwendung des PHPMyAdmins

Die Abkürzung SQL steht für Structured Query Language, was auf deutsch übersetzt strukturierte Abfragesprache bedeutet. SQL ist die Standardsprache, um mit den meisten Datenbanken zu kommunizieren.

MySQL ist eine Open Source Software, was bedeutet, dass jeder diese Software benutzen, aber auch verändern kann und das, ohne etwas dafür zu bezahlen. Mit MySQL-Befehlen kann man beispielsweise
-   eine Datenbank anlegen (CREATE DATABASE).
-   eine Tabelle mit verschiedenen Feldern in einer ,Datenbank erstellen (CREATE TABLE).
-   Datensätze, die in einer Tabelle stehen anzeigen (SELECT).
-   Datensätze einfügen (INSERT), löschen (DELETE) oder ändern (UPDATE).

Datenbanken spielen im täglichen Leben eine große Rolle. Eine MySQL-Datenbank besteht aus einer oder mehreren Tabellen. Diese enthalten wiederum Felder bzw. Spalten, wie z.B. ein Feld mit dem Namen PLZ, in dem die PLZ einer Person gespeichert wird. Somit können alle möglichen Informationen gespeichert werden.

Um Datenbanken administrieren zu können, stellt XAMPP den *PHPMyAdmin* zur Verfügung. Im Folgenden wird kurz beschrieben, wie man durch Klicken Datenbanken und Tabellen erstellen kann und Datensätze manipulieren. Danach wird außerdem gezeigt, wie man das mit entsprechenden SQL-Befehlen tun kann.
Dabei legen wird dann über SQL-Befehle die erste Beispieldatenbank („stat") und Tabelle („data1") an, auf die wir dann später mit PHP zugreifen.

Verwendet man nur das Menü, so wird bei jeder Änderung, die man per Mausklick durchführt, auch der entsprechende SQL-Befehl angezeigt.

PHPMyAdmin ist eine Sammlung von PHP-Skripten, um eine MySQL-Datenbank über das Internet zu administrieren. *PHPMyAdmin* soll das Erstellen und Arbeiten mit MySQL-Datenbanken erleichtern.

Die Startseite von *PHPMyAdmin* ruft man über die URL
http://localhost/phpmyadmin
im Browser auf. Wir haben auf die Registerkarte „Datenbanken" geklickt. Hier kann der Datenbankname „stat" eingegeben werden. Die folgenden Schritte können auch übersprungen und im SQL-Fenster (Registerkarte „SQL") einfach die entsprechenden MySQL-Kommandos eingegeben werden, die im Kapitel 3.2 oben zu sehen sind.

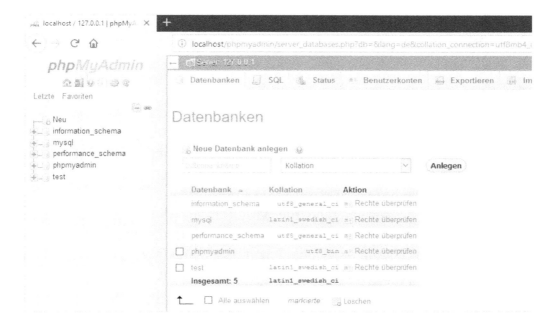

Wie man anhand dieses Bildes sieht, kann man hier direkt eine neue Datenbank anlegen. Dazu muss nur in das Feld *Datenbankname* der gewünschten Namen der Datenbank („stat") eingegeben und anschließend auf die Schaltfläche "Anlegen" geklickt werden.

Danach kann man eine neue Tabelle anlegen.

Oben kann der Tabellennamen, sowie die gewünschte Anzahl der Spalten bzw. Felder eingegeben werden. Wir haben hier „data1" als Tabellenname eingegeben und 5 Felder bzw. Spalten gewählt.

Im folgenden Fenster hat man die Möglichkeit, die einzelnen Felder zu definieren. Hier können die Feldnamen/Spaltennamen eingegeben werden und der Datentyp (siehe Kapitel 3.2) festgelegt werden. Bei Textfeldern variabler Länge (VarChar) muss eine maximale Länge angegeben werden.

Es können auch Primärschlüssel festgelegt werden (bei uns beim Feld „id") und Autowertfelder (*auto increment* bzw. A_I) definiert werden.

Im Beispiel wurde das Feld „id" als Autowertfeld festgelegt, beim sich dann öffnendem Fenster kann einfach auf „OK" geklickt werden.

Autowertfelder nummerieren automatisch die Datensätze und zählen automatisch beim Anlegen eines neuen Datensatzes mit. Beim ersten Datensatz steht eine 1 in diesem Feld, beim zweiten eine 2, ... Wird mittendrin ein Datensatz gelöscht, werden die Werte nicht geändert bzw. angepasst.

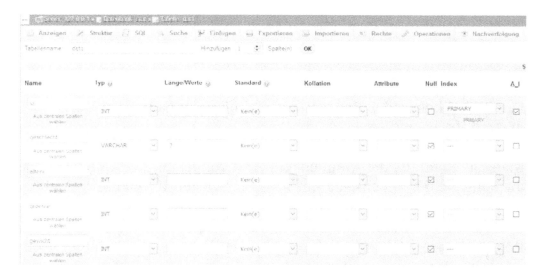

Falls nötig, kann man auch noch Felder hinzufügen. Danach kann man die Tabelle erstellen, indem man auf „Speichern" klickt.

Das dann folgende Fenster bestätigt das erfolgreiche Speichern der Tabelle und zeigt (je nach Version) den SQL-Code zum Erzeugen dieser Tabelle und eine Übersicht der eben erstellten Spalten an:

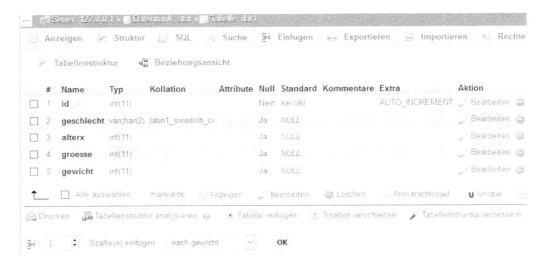

Durch Anklicken der Registerkarte „Einfügen" kann man Datensätze in der Tabelle einfügen

Man hat ebenfalls die Möglichkeit, Änderungen an der Tabelle sowie die Eingabe der Datensätze mit den im nächsten Kapitel vorgestellten SQL-Befehlen vorzunehmen oder man verwendet hierzu das Menü *PHPMyAdmin*. Damit man SQL-Befehle eingeben kann, muss auf die Registerkarte „SQL" geklickt werden. Falls man von Anfang an nur mit SQL-Befehlen arbeiten möchte, gelangt man nach dem Aufrufen von *PHPMyAdmin* durch Anklicken der Registrierkarte SQL direkt zum SQL-Eingabefeld.

Die SQL-Befehle am Anfang des Kapitels 3.2 kann man hier auch eingeben und abschicken. Diese legen dann automatisch die Datenbank „stat" und die Tabelle „data1" mit allen Feldern an.

Nun wollen wir einige SQL-Kommandos verwenden. Die Verwendung von SQL-Befehlen hat zum einen den Vorteil, dass man diese Befehle in den Editor des *phpMyAdmin* eingeben oder kopieren und auf verschiedenen Servern genau die gleichen Datenstrukturen anlegen kann.

Zum anderen kann man diese Befehle auch über PHP an MySQL übergeben und somit über Webseiten auf Daten zugreifen, was später noch im Kapitel zu PHP (ab 4.4) gezeigt wird.

3.2 SQL-Befehle

Mit dem folgenden Befehlen würde man die Datenbank „stat" anlegen und in dieser die Tabelle „data1":

```
CREATE DATABASE stat;

USE stat;
CREATE TABLE `data1` (
  `id` int(11) NOT NULL auto_increment,
  `geschlecht` varchar(2),
  `alterx` int(11),
  `groesse` int(11),
  `gewicht` int(11),
   PRIMARY KEY  (`id`)
);
```

Durch USE wird dem System mitgeteilt, auf welche Datenbank sich die darauf folgenden Operationen beziehen. Analog könnte man im PHPMyAdmin die entsprechende Datenbank auswählen.
PRIMARY KEY legt den so genannten Primärschlüssel fest. Dieser wäre in unserer Tabelle das Feld id. Der Primärschlüssel ist ein eindeutiges Feld, welches keine doppelten Werte aufweisen darf. Dadurch wird ein Datensatz eindeutig gekennzeichnet. Z.B. wäre die Kundennummer in einer Kundentabelle ein Primärschlüssen. Der Nachname aber nicht, denn dieser kann doppelt vorkommen. auto_increment legt fest, dass im Feld id beim Einfügen eines neuen Datensatzes automatisch der maximale Wert des Feldes id um eins erhöht wird. Fügt man den ersten Datensatz ein, dann steht im Feld id automatisch eine 1. Im zweiten Datensatz steht dann automatisch eine 2. Beim Löschen eines Datensatzes bleibt der Wert des Feldes id der restlichen Datensätze unverändert.

Der folgende Befehl würde drei Datensätze in die Tabelle data1 einfügen:

```
INSERT INTO data1 (geschlecht, alterx,
groesse,gewicht) VALUES("w",28,178, 75),
("m",25,181, 85), ("m",22,180, 79);
```

Hiermit würden alle Datensätze und alle Felder ausgegeben werden:

```
SELECT * FROM data1;
```

id	geschlecht	alterx	groesse	gewicht
1	w	28	178	75
2	m	25	181	85
3	m	22	180	79

Wir ändern den Datensatz mit der id = 3 und lassen diesen ausgeben:

```
UPDATE data1 SET geschlecht = "w", alterx = 24
WHERE id = 3;
SELECT * FROM data1;
```

id	geschlecht	alterx	groesse	gewicht
1	w	28	178	75
2	m	25	181	85
3	w	24	180	79

Nun löschen wir den Datensatz mit der id = 2;

```
DELETE FROM data1 WHERE id = 2;
SELECT * FROM data1;
```

id	geschlecht	alterx	groesse	gewicht
1	w	28	178	75
3	w	24	180	79

Wir lassen uns die maximale id anzeigen und nennen diese für die Ausgabe idmax:

```
SELECT max(id) as idmax FROM data1;
```

Zusammenfassung der wichtigsten SQL Kommandos:
CREATE DATABASE Datenbankname;
DROP DATABASE Datenbankname;

CREATE TABLE Tabellenname (Spaltenname1 Datentyp NOT NULL AUTO_INCREMENT PRIMARY KEY, Spaltenname2 Datentyp, …);
DROP TABLE Tabellenname;

SELECT Spaltenname1, Spaltenname2, …
    FROM Tabellenname
        [WHERE]* Bedingung;
        [GROUP BY]* Spaltenname ASC/DESC;
        [ORDER BY]* Spaltenname ASC/DESC;

UPDATE Tabellenname SET Spaltenname = …
    [WHERE]* Bedingung;

INSERT INTO Tabellenname (Spaltenname1, Spaltenname2, ...)

      VALUES (Wert1, Wert2, ...), (Wert1, Wert2,...),...;

DELETE FROM Tabellenname
      [WHERE]* Bedingung;

*optional

Anwendung einiger Aggregatfunktionen:
SELECT SUM (Spaltenname) [as Name] FROM Tabellenname;
SELECT AVG (Spaltenname) [as Name] FROM Tabellenname;
SELECT MAX (Spaltenname) [as Name] FROM Tabellenname;

Mit SUM kann die Summe über eine Datenspalte gebildet, mit AVG kann der Mittelwert berechnet werden und mit MAX kann der maximale Wert des Feldes bzw. der Spalte bestimmt werden.

Bemerkung:
In MySQL befindet sich eine Datenbank mit dem Namen mysql und in dieser eine Tabelle mit dem Namen User. Hier stehen die Benutzer für MySQL. Um beispielsweise mit PHP auf eine MySQL-Datenbank zugreifen zu können, muss ein Benutzer und ein Passwort angegeben werden (siehe Befehl mysql_connect() im Kapitel 4.4). Nach der Installation von XAMPP ist automatisch der Administrationsbenutzer root ohne Passwort angelegt. Für unsere Beispiele wurde das root-Passwort nicht geändert, d.h. es ist keines vorhanden. Wenn wir keinen eigenen Webserver betreiben, ist dies zunächst auch unproblematisch. Ansonsten sollte dieses geändert werden. Wie dies geht, wird unter www.galaxieswar.de/Buch/Lotto/PHP-Beispiele beschrieben.

3.3 Datentypen

Bei der Definition eines Feldes können, wie bereits gezeigt, verschiedene Datentype angegeben oder im *PHPMyAdmin* gewählt werden. Hier soll nun ein kurzer Überblick gegeben werden:

Zeichenketten:
Zu den Zeichentypen gehören CHAR, VARCHAR und TEXT.

CHAR(n) ist eine Zeichenkette mit fester Länge, wobei n für die Anzahl der Zeichen steht. Die Zahl n darf maximal 255 Zeichen beinhalten. Es wird dann genau der Speicherplatz für n Zeichen reserviert, egal wie viel wirklich benötigt wird. VARCHAR(n) reserviert hier einen Variablen Speicherplatz mit bis zu n Zeichen.

Für Längere Texte der Typ TEXT zur Verfügung. Diese kann eine Länge von $2^{16}-1$ Zeichen speichern. Man kann auch TINYTEXT (255 Zeichen), den MEDIUMTEXT ($2^{24}-1$ Zeichen) oder LONGTEXT ($2^{32}-1$ Zeichen) verwenden.

Zu den binären Zeichentypen gehören BLOB, TINYBLOB, MEDIUMBLOB und LONGBLOB. Die maximale Länge entspricht der des Typs TEXT. In Blob-Feldern können auch Dateien wie Bilder gespeichert werden

Im Gegensatz zu VARCHAR, die führende Leerzeichen löscht, werden bei TEXT- und BLOB-Datentypen führende Leerzeichen gespeichert.

Numerische Datentypen:

MySQL unterstützt alle numerischen Datentypen mit fester Länge wie NUMERIC, DECIMAL, INTEGER (INT) und SMALLINT sowie die Fließkommastellen FLOAT, REAL und DOUBLE.

Darüber hinaus sind die Typen TINYINT (1 Byte), MEDIUMINT (3 Byte) und BIGINT (8 Byte) möglich.

INTEGER-Werte sind Ganzzahlen mit einer Länge von 32 Bit (4 Byte). Die zulässigen Werte für den Datentyp INTEGER sind von -2147483648 bis +2147483648. INTEGER UNSIGNED ist für nur positive ganze Zahlen möglich.

Für die Kommazahlen stehen uns in MySQL zwei Datentypen zu Verfügung. Nämlich FLOAT und DOUBLE. Der Unterschied zwischen diesen beiden Datentypen ist ihre Größe.
Während FLOAT eine einfache Genauigkeit bei einer Größe von 32 Bit (4 Byte) aufweist, kann DOUBLE eine doppelte Genauigkeit bei einer Größe von 64 Bit (8 Byte) aufweisen.

Bei der Definition gibt man mit DOUBLE(v.n) durch v die Vorkommastelen und durch n die Nachkommastellen an. Das Dezimaltrennzeichen ist im Übrigen immer ein Punkt.

Datums – und Zeit – Datentypen:

In MySQL gibt es zwei Datumsformate DATETIME und DATE. Im Datentyp DATETIME werden die Werte für das Datum im Format JJJJ-MM-DD und die Zeit im Format SS:MM:SS gespeichert. Der Datentyp DATE wird nur für das Datum benutzt.

Außerdem steht noch TIMESTAMP zur Verfügung. Wird ein neuer Datensatz eingefügt, oder ein alter geändert, dann wird in dieses Feld automatisch das aktuelle Datum mit Uhrzeit geschrieben, in einer 14-stellig in der Form JJJJMMDDHHMMSS. Z.B. 20041208125511 wäre dann der 8. Dezember 2004, 12 Uhr 55 Minuten und 11 Sekunden.

Für Zeitangaben steht noch der Type TME zur Verfügung. Hier wird das Datum in der Form HH:MM:SS gespeichert.

4 Einstieg in die PHP-Programmierung mit Beispielen

4.1 PHP-Grundlagen

Ein Hypertext Preprocessor (PHP) ist eine gängige Open Source Skriptsprache, welche in HTML eingebettet werden kann und somit für die Webprogrammierung sehr gut geeignet ist. Allgemein ist PHP der Programmiersprache C++ ähnlich. Mit PHP können HTML-Befehle beispielsweise automatisiert bzw. dynamisch generiert werden. Oder es können Daten, die auf einer Seite eingegeben wurden, in einer Datenbank gespeichert werden. PHP ist eine Programmiersprache, welche nur auf dem Server abläuft, wobei die Betrachter der Seite nur den HTML-Inhalt sehen können, im Gegensatz zu Javascript.

Der PHP-Code steht zwischen speziellen Anfangs- und Schluß-TAGs „<?php" und „?>", wobei unbedingt auf Groß- und Kleinschreibung zu achten ist. Das PHP-Programm muss in einer Datei mit der Endung php stehen. In dieser Datei können aber auch, wie bereits erwähnt, HTML- oder Javascript-Anweisungen stehen.

Beim schreiben eines PHP-Programms muss man häufig Namen für Variablen und Funktionen vergeben. Hierbei ist folgendes zu beachten:
  ➢ Namen dürfen nie mit Leerzeichen geschrieben werden.
  ➢ Namen können Buchstaben und Ziffern beinhalten, aber keine Sonderzeichen
     (die einzige Ausnahme, die PHP toleriert, ist der Unterstrich).
  ➢ In PHP muss auf Groß- und Kleinschreibung geachtet werden (ohne Ausnahme).
  ➢ Außerdem dürfen keine Namen vergeben werden, die schon für Befehle vergeben sind.

Variablen stehen in PHP für Speicherbereiche. In diesen Variablen werden Werte von dem Programm für den Programmablauf gespeichert. Die Kennzeichnung für Variablen in einem PHP-Programm ist ein Dollarzeichen "$" vor den Variablennamen.

Mit dem `echo` Befehl kann man in PHP Texte (auch mit HTML-Formatierung) an den Anwender schicken. Der Anwender sieht, falls er die Seite editiert, nur den HTML-Code, da das PHP Programm auf dem Server abgearbeitet wird.

```php
<?php
echo "Der Wert beträgt: ".$Wert;

//oder

echo "Der Wert beträgt: $Wert";
?>
```

Kurze Zusammenfassung:

Ein PHP-Programm beginnt immer mit „`<?php`" und endet mit „`?>`". Es muss in einer Datei mit der Endung php stehen. Es können auch HTML-Anweisungen vorkommen, die entweder über den echo-Befehl innerhalb eines PHP-Programms übergeben werden, oder die HTML-Kommandos müssen außerhalb des PHP-Programms stehen.

Der Aufbau eines Programms in PHP besteht lediglich aus einer Folge von einzelnen Anweisungen, die nach einer bestimmten Reihenfolge ausgeführt werden. Jede Anweisung in PHP wird durch ein Semikolon ";" beendet. In vielen Fällen reicht eine sequentielle Ausführung nicht für eine Problemlösung aus. Daher gibt es Kontrollstrukturen. Sie bewirken entweder eine bedingte Ausführung von Befehlen (z.B. if-Anweisungen) oder ermöglichen die Wiederholung ganzer Befehlsfolgen (z.B. for-Schleifen).

Bemerkung:

Hier soll nur ein Einstieg in PHP gegeben werden. Wenn man diesen bewältigt hat, kann man sich, je nachdem welche Funktionen oder Programmteile man benötigt, auch über das Web informieren. Sucht man z.B. bei Google, so findet man unzählige Beispiele, Tipps und Foren.

Die if-Anweisung:

Wenn man eine Fallunterscheidung vornehmen möchte, kann man die **if-else**-Anweisung verwenden. Diese erlaubt einem die Ausführung von Befehlsfolgen in Abhängigkeit von Bedingungen. Wenn die Bedingung wahr ist, wird die if-Anweisung ausgeführt. Ist die Bedingung jedoch falsch, springt das Programm in die else-Anweisung und führt diese aus.

Die Syntax dazu sieht folgendermaßen aus:

```
if (Bedingung)
    {Anweisungsfolge}
[else
    {Anweisungsfolge}]
```

Die else-Anweisung ist optional (d.h. sie ist nicht zwingend erforderlich). Aus diesem Grund steht sie in eckigen Klammern. Nach der letzten geschweiften Klammer eines if-Blocks kann ein Semikolon stehen, muss aber nicht.

Es ist auch möglich folgendes zu verwenden, um mehrere unterschiedliche Bedingungen abzufragen:

```
if (Bedingung)
    {Anweisungsfolge}
elseif (Bedingung)
    {Anweisungsfolge}
else
    {Anweisungsfolge}
```

Die untere Tabelle zeigt eine Auswahl der Vergleichsoperatoren in PHP:

Operator	Beschreibung
==	Gleich
!=	Ungleich
>	Größer als
<	Kleiner als
>=	Größer als oder gleich
<=	Kleiner als oder gleich

Möchte man beispielsweise, wenn die Variable $a den Wert 4 hat OK ausgeben, dann kann man dies mit der folgenden Anweisung tun:

```
if ($a == 4) {echo "OK";}
```

Für den Vergleich werden zwei Gleichheitszeichen verwendet. Mit einem würde man der Variable $a den Wert zuweisen!

Verknüpfungsoperatoren:

Operator	Beschreibung
!	Nicht
||	Oder
&&	Und

Möchte man beispielsweise, falls die Variable $a den Wert 4 hat und $b größer als 5 ist OK ausgeben, dann kann man dies mit der folgenden Anweisung tun:

```
if ($a == 4 && $b > 5) {echo "OK";}
```

Beispiel:
Das folgende Beispiel sollte in eine Datei mit der Endung „.php" eingefügt werden.

```
<?php
$a = 15;$b = -22;
if ($a <$b) {echo "$a ist kleiner als $b";}
elseif ($a == $b) {echo "$a ist gleich $b;}
else {echo "$a ist größer als $b";}; ?>
```

Bemerkung:
Statt geschweifte Klammern zu verwenden kann man auch folgende Syntax verwenden:

```
if(Bedingung):
    Anweisungsfolge
elseif(Bedingung):
    Anweisungsfolge
else:
    Anweisungsfolge
endif;
```

Schleifen:
Man benutzt Schleifen, damit sich Anweisungen bei ihrer Ausführung wiederholen. PHP bietet uns z.B. die Möglichkeit von **for**-Schleifen (Zählschleife) oder auch **while**-Schleifen (Angabe von Bedingungen).
Eine **Zählschleife** bewirkt, dass eine Anweisung oder eine Anweisungsfolge wiederholt ausgeführt wird, wobei die Anzahl der Wiederholungen in der Regel festgelegt ist und sieht wie folgt aus:

```
for(Startwert; Bedingung; Änderung)
    {Anweisungsfolge}
```

Anhand des nächsten **Beispiels** soll gezeigt werden, wie man mit Hilfe einer Zählschleife die Summe der Zahlen von 1 bis 5 berechnen kann:

```php
<?php
$summe = 0;
for ($i = 1; $i <= 5; $i++)
{$summe = $summe + $i;
echo "Schritt: $i : $summe <BR>"; };
?>
```

Im nächsten **Beispiel** wird eine Zählschleife, um die Komponenten eines eindimensionalen Arrays auszugeben, benutzt.

```php
<?php
$a = array (0, 1, 2, 3, 4);
for ($i = 0; $i <= 4; $i++)
{echo "$a[$i] <BR>"; };
?>
```

Die **while**-Schleife dagegen führt nur dann eine Anweisung aus, wenn die definierten Bedingungen im Schleifenkopf erfüllt sind. Sollten die Bedingungen nicht erfüllt sein, wird die Schleife automatisch abgebrochen und die Anweisung verlassen. Der Nachteil dieser Schleife ist jedoch, dass sie zu einer Endlosschleife werden kann, wenn die Bedingung für den Abbruch nie erfüllt wird. Deshalb kann man mit Hilfe der break-Anweisung die Schleife zum Abbruch zwingen. Aufbau einer while-Schleife:

```
while (Bedingung)
  {Anweisungsfolge};
```

Beispiel:

```
<?php
$summe = 0; $i = 1;
while ($i <= 5)
{$summe = $summe + $i;
$i++;
echo "Schritt: $i : $summe <BR>"; };
?>
```

Wenn man folgende Programmzeile am Ende der Anweisungsfolge in der Schleife einfügt, bricht das letzte Beispielprogramm die Schleife nach der dritten Wiederholung ab und fährt in der Programmabarbeitung mit der nächsten regulären Anweisung nach der Schleife fort:

```
if ($i == 3) break;
```

Funktionen:

Funktionen sind Teile eines Programms, die unter einem eigenen Namen im Programm aufgerufen werden müssen. Gerade wenn eine folge von Anweisungen mehrfach im Programm ausgeführt werden muss, bei der beispielsweise eine aufwändigere Berechnung durchgeführt wird, kann eine Funktion das Programm übersichtlicher machen. Der Funktion kann man Werte (Parameter) übergeben, die zur Berechnung notwendig sind. Die Funktion kann danach einen Wert (oder auch mehrere über ein Array) zurückgeben. Die Parameter werden anschließend innerhalb der Funktion verarbeitet.

Eine Funktion hat die folgende Zusammenstellung:
function Name(Parameterdefinition)
   { Anweisungsfolge; **return** Ausdruck };

Beispiel:

Im folgenden Beispiel soll eine Funktion eine Addition von zwei Zahlen durchführen.

```php
<?php
    function Addition($x,$y)
    { $summe = $x + $y;
    return $summe; };

    $a = 5; $b = 10;
    $c = Addition($a,$b);
     echo " Summe :" . $c; ?>
```

Namen und Variablennamen:

In PHP erhalten Variablen, Funktionen und Objekte einen Namen, unter dem diese Elemente an einer beliebigen Stelle im Programm verwendet werden können. Die Namensvergabe in PHP unterliegt dabei bestimmten Regeln:

- Namen dürfen keine Leerzeichen enthalten
- Namen dürfen nur aus Buchstaben und Ziffern bestehen
- Groß- und Kleinschreibung wird unterschieden
- Namen dürfen keine Sonderzeichen enthalten, Ausnahme ist der Unterstrich
- Namen dürfen keine Befehlswörter (reservierte Wörter) sein

Einige **Beispiele** für gültige Variablennamen sind:

```php
$i, $name_1, $name5, $Name
```

In einer Variablen können Zahlen oder auch Zeichenketten gespeichert werden. Hier ein **Beispiel**:

```php
$i = 10; $a = 3.14; $z = "Zeichenkette";
```

Kommentare im Beispiel:

```
echo "Kein Kommentar"; //Kommentar

/* Ein Kommentar
   über mehrere Zeilen */
```

Arithmetische Operationen:

Operator	Beschreibung
+	Addition
-	Subtraktion
*	Multiplikation
/	Division
++	Inkrement
--	Dekrement

Ein **Beispiel** zu den arithmetischen Operatoren:

```php
<?php
$a = 1.5; $b = 0.5; $c = 2.5e2;
$d = ($a + $b) * $c;
$i = 1; $i++;
// es folgt die Ausgabe:
echo "d =  $d <br> i = $i ";
?>
```

Zeichenketten:

.   Verkettung von Zeichenketten

.=   Zeichenkette erweitern

Ein **Beispiel** zu den Zeichenketten:

```php
<?php
$vorname = "Swenja"; $nachname = "Hausmann";
$n1 = $vorname ."_". $nachname;
$n2 = "Swenja"."_"; $n2 .= $nachname;
echo $n1. "<br>".$n2;
?>
```

Arrays:

Es folgt ein Beispiel für die Verwendung eines Arrays bzw. Feldes. Hier wird das Feld mit den Zahlen von 0 bis 4 gefüllt. D.h. a[0] wäre dann 0 und a[1] wäre dann 1. Die Indizierung beginnt also mit 0.

Beispiel:

```php
<?php   $a = array (0, 1, 2, 3, 4);
        for ($i = 0; $i <= 4; $i++)
        {echo "$a[$i] <BR>"; }; ?>
```

Im nächsten Beispiel wird wieder ein Feld gefüllt. Die Länge des kann man mit sizeof bestimmen. Mit $a[] = 0 wird ein weiteres Element eingefügt. So könnte man auch das komplette Feld füllen. Hier wäre dann a[5] gleich Null. Danach wird a[4] auf 99 gesetzt.

Beispiel:

```php
<?php   $a = array (1,7,2,3,4);
        $a[] = 0; $a[4] = 99;
        for($i=0;$i<sizeof($a);$i++)
        {echo "a($i) =".$a[$i]."<br>";} ?>
```

Zuletzt folgt ein Beispiel für ein assoziatives Feld. Anstatt die Komponenten mit den Zahlen 0, 1, … anzusprechen, kann man diese auch mit Namen ansprechen:

Beispiel:
```php
<?php
        $a = array ("Name1" => 100, "Name2" => 200);
        echo "<br> a(Name1) = ".$a["Name1"];
?>
```

4.2 Beispiele für die Anwendung von PHP

Beispiel :

Wir wollen uns eine Wertetabelle mit PHP erstellen. D.h. eine Tabelle
soll automatisch durch eine for-Schleife gefüllt werden.

```
<html>
<head>
  <title>Wertetabelle</title>
</head>
  <body>

<h2><font face="Arial">Auswahl zum
L&ouml;schen</font></h2>

<?php
echo "<table border='3' width='100%'>
<tr><td>t</td><td>f(t) = t^2</td></tr>";
for($i=1;$i<=10;$i++) {
echo "<tr bgcolor='#0000ff'>";
echo "<td bgcolor='#ff0000'
align='center'>".$i."</td>";
echo"<td>".$i*$i."</td>";
echo "</tr>";};
echo "</table>";
echo "<br><br>"; ?>

<hr>
 <br>
</body>
</html>
```

Beispiel:

Speicher die folgenden Anweisungen beispielsweise in der Datei Eingabe.html (Verzeichnis c:\XAMPP\htdocs\php-Beispiele\). Danach muss im Browser die URL localhost/php-Beispiele eingeben werden. Achtung: Nicht die Datei durch doppeltes Klicken auf den Dateinamen öffnen, denn sonst wird zwar der HTML-Code korrekt angezeigt, beim Abschicken des Formulars wird dann aber der PHP-Code der Seite Ausgabe.php nicht vom Server interpretiert. Alle PHP-Programme können nur den Apache-Server (URL localhost) gestartet werden (wenn man keine sonstigen Tools installiert hat).

Die Datei **eingabe.html**:

```
<html>
    <head>
<title> Formular </title>
    </head>
    <body>
<br><br> Wie geht es Dir?<br><br>
<form action = "ausgabe.php" method = "post">

<select name="Auswahlliste" size=1>
<Option value="sehr gut"> sehr gut
<Option value="gut"> gut
<Option value="schlecht"> schlecht
</select><br><br><br><br>

<input type= "submit" value="Abschicken">
<input type= "reset" value="Zur&uuml;cksetzen">
</form>
    </body>
</html>
```

Die Datei **ausgabe.php**:

```
<html>
    <head>
<title> Formular </title>
```

```
    </head>
<body>

<?php
$Antwort = $_POST["Auswahlliste"];
// statt $_POST könnte man auch $_GET verwenden,
// wenn in der Datei Eingabe.html im Formular
// method = "get" gesetzt würde. Dann werden die
// Werte über die URL übergeben!
echo "Mir geht es $Antwort ! <br><br>";
$a = $Antwort;

if ($a=="gut" || $a == "sehr gut")
{echo "Das ist ja prima !";}
else
{echo "Das ist ja schade !";};
?>
</body>
</html>
```

4.3 Modularisierung

Möchte man ein PHP-Programm, welches sich in einer anderen Datei befindet, einbinden, so kann man den include-Befehl verwenden. Der Programmcode wird dann so ausgeführt, als wäre er separat aufgerufen worden. Die Anweisung lautet dann:

```
include("Dateiname.php");
```

Diese Anweisung ist beispielsweise sinnvoll, falls man externe Funktionen oder Programmteile, die man auf vielen Seiten benötigt, einbinden möchte.

Dazu dient auch die require – Anweisung:

```
require("Dateiname.php");
```

4.4 Zugriff auf eine MySQL-Datenbank per PHP

Möchte man via PHP auf MySQL zugreifen, muss man zunächst eine Verbindung zu MySQL herstellen. Dies ist mit der Funktion bzw. dem Befehl `mysql_connect()` möglich.
Ab PHP 7 muss `mysqli_connect()` verwendet werden, wo zusätzlich auch die Datenbank mit ausgewählt wird.

Für die modulare Verwendung von MySQLi müssen die Programme nur leicht modifiziert werden. Diese modifizierten Programme können unter http://php-beispiele.galaxieswar.de heruntergeladen werden.

Der Befehl - zur Verbindung zu MySQL - ist wir folgt aufgebaut:

```
$link = mysql_connect(Host,Nutzer,Passwort);
bzw.
$link = mysql_connect(Host,Nutzer,Passwort,Datenbank);
```

Hier ist dann der Befehl `mysqli_select_db`, der zur Auswahl einer Datenbank dient, nur noch beim Datenbankwechsel notwendig, da die Datenbank schon mit `mysqli_connect` ausgewählt wird. In `$link` sind allgemein auch Informationen darüber gespeichert, ob der Verbindungsaufbau funktioniert hat. Der Link `$link` wird bei MySQLi auch immer bei der Anwengung einer SQL-Anweisung mit **mysqli_query** benötigt, vorher war er optional.

Das untere Beispiel mit MySQLi zeigt einen Aufbau und einen Abbau einer Verbindung zum MySQL-Datenbankserver (dieses bitte nicht eingeben, komplette Beispiele zum Eingeben folgen noch), falls noch kein root-Passwort festgelegt wurde:

```
<?php $link =
mysqli_connect("localhost","root","","stat")
or die ("Keine Verbindung");
echo "Verbindung hergestellt";
mysqli_close($link);   ?>
```

Wurde eine Datenbank ausgewählt, so kann man in PHP eine oder mehrere SQL-Anweisungen an die MySQL-Datenbank schicken, indem man die Funktion *mysql_query()* verwendet.

Die Syntax zur Anwendung einer Datenbankabfrage lautet:

$ergebnis = **mysql_query**(Abfrage [,link_id]);

Ab PHP 7:

$ergebnis = **mysqli_query**($link, Abfrage);

Abfrage ist hier eine SQL-Abfrage, z.B. „select * from data1;". Mit *mysql_fetch_row()* kann dann jeweils ein Datensatz ausgewählt und in einem Array gespeichert werden (alternativ: *mysql_fetch_array()).*

$zeile = **mysql_fetch_row**($ergebnis);

Achtung: Das erste Feld hat die Nummer 0 und das zweite die Nummer 1. D.h. in $zeile[0] wäre der Inhalt des ersten Feldes gespeichert. *mysql_fetch_row()* holt zunächst die erste Datenzeile. Wird er danach noch mal ausgeführt, so wird die zweite Datenzeile geholt. Wenn man die letzte Datenzeile geholt hat und dann nochmals *mysql_fetch_row()* ausführt, wird false ausgegeben. Dies kann man nutzen, um alle Datensätze über eine while-Schleife auszugeben.

Über die folgenden Programmzeilen könnte man alle Datensätze einer Tabelle ausgeben lassen (bitte nicht eingeben, Beispiele zum Eingeben kommen wieder ab dem Kapitel 4.5):

```
while($zeile = mysql_fetch_row($ergebnis))
{ for ($j=0; $j< mysql_num_fields($ergebnis);$j++)
{ echo $zeile[$j]."|";};
echo "<BR>";};
```

`mysql_num_fields()` ermittelt dabei die Anzahl der Spalten bzw. Felder in einer Tabelle. Bei MySQLi kann der Befehl analog verwendet werden.

Die Funktion `mysql_field_name()` ermöglicht es die Namen der Felder der Tabelle zu bestimmen. Als Parameter müssen Ergebniskennung und Spaltenummer (wieder beginnend mit 0) angeben werden.

`mysql_field_name(``$ergebnisid, spaltennummer`**`);`**

Im folgenden Beispiel werden alle Spaltennamen der Ergebnismenge gelesen und anschließend werden sie hintereinander im Browserfenster ausgegeben.

```
for($j=0; $j<mysql_num_fields($ergebnisid);$j++)
     { echo mysql_field_name($ergebnisid,$j)." ";};
```

Bevor wir zu den Anwendungsbeispielen kommen, folgt ein Überblick über ein paar Funktionen, mit denen man via PHP auf MySQL zugreifen kann. Diese Befehle gibt es analog für MySQLi.

Kategorie	Funktion	Beschreibung
Verbindung	`mysql_connect()`	Verbindung zum Datenbankserver herstellen
	`mysql_close()`	Verbindung zum Datenbankserver beenden
Datenbankabfrage	`mysql_query()`	Datenbank- abfrage stellen

Kategorie	Funktion	Beschreibung
Suchergebnisse	`mysql_fetch_row()`	Liest eine Datenzeile
	`mysql_fetch_array()`	Liest auch Datenzeile
	`mysql_num_fields()`	Anzahl der Datenfelder (Tabellen-Spalten)
	`mysql_num_rows()`	Anzahl der Datensätze (Tabellen-Zeilen)
	`mysql_field_name()`	Name eines Datenfeldes
Fehlermeldungen	`mysql_errno()`	Fehlernummer
	`mysql_error()`	Fehlermeldung

Bemerkung:

Der Unterschied zwischen `mysql_fetch_row()` und `mysql_fetch_array()` ist, dass mit dem letzten Befehl die Datensatzzeile als gewöhnliches Array (dessen Komponenten mit den Zahlen 0,1,… angesprochen werden können) als auch als assoziatives Array (dessen Komponenten können auch über den Feldnamen angesprochen werden) übergeben wird. Hat man z.B. die Befehle

```
$a = mysql_query(„select geschlecht, groesse from data1"); $x = mysql_fetch_array($a);
```

ausgeführt, so kann man den Wert des ersten Datensatzes in der Spalte „geschlecht" über $x[0] (erste Spalte ist die nullte in PHP) ansprechen, oder auch über $x[„geschlecht"].

4.5 Beispiel für den Zugriff auf eine Datenbank

In diesem Kapitel soll gezeigt werden, wie man über Webseiten mit PHP-Skripten auf unsere Beispieltabelle data1 zugreifen kann. Für die Anwendung ist hier folgendes von Interesse:

> ➢ Eingabe von Daten, die in der Datenbank gespeichert werden.
> ➢ Anzeige aller oder auch nur bestimmter Datensätze.
> ➢ Auswahlmenüs für das Löschen und Editieren von Datensätzen.

Diese Anwendungen spielen im täglichen Umgang mit dem Internet eine große Rolle. Ob Du

- Online-Banking machst,
- Dein Auto zum Verkauf anbietest,
- nach Büchern suchst und dann eines bestellst,
- einen Computer zur Versteigerung anbietest,
- einen Beitrag in ein Forum eingibst.

Jedes mal stehen eine Datenbank und eine Datenbankoperation dahinter. Dies alles kann man mit einer SQL-Anweisung realisieren, die man beispielsweise per PHP an eine MySQL-Datenbank übergibt.

Die folgenden Beispielprogramme enthalten zum Teil lange Zeilen, so dass viel mehr Zeilenumbrüche zu sehen sind, als eigentlich nötig sind. Die (langen) Programme können, wie bereits erwähnt, alle unter www.galaxieswar.de/Buch herunter geladen werden.

Wir beginnen mit einem Beispiel, in dem alle Datensätze der Tabelle data1 ausgegeben werden. Für dieses Beispiel muss zunächst die Datenbank stat mit der Tabelle data1 (siehe Kapitel 3.2) angelegt werden.

Beispiel:

So bald das PHP-Programm eine Verbindung zur Datenbank „stat"
hergestellt hat, werden die Spaltennamen und die Datensätze der
Tabelle data1 ausgelesen und anschließend im Browserfenster
dargestellt. Zusätzlich wird die Anzahl der Felder ($k) und die Anzahl
der Datensätze ($n) ausgegeben. Das folgende Programm sollte in
eine Datei mit der Endung php eingefügt werden:

```
<?php
$link=mysql_connect('localhost','root','');
mysql_select_db("stat");
$anfrage="select * from data1";
$ergebnis=mysql_query($anfrage);
$n=mysql_num_rows($ergebnis);
$k=mysql_num_fields($ergebnis);

echo "Die Tabelle enth&auml;lt ".$n."
Datens&auml;tze und $k Felder <br><br>";

// Es werden alle Datensätze in einer Tabelle
// ausgegeben.
echo "<table border='1'><tr bgcolor='#aaaaaa'>";
for($j=0;$j<=$k-1;$j++)
{echo"<td>".mysql_field_name($ergebnis,$j)."</td>";
};
echo "</tr>";

while ($zeile=mysql_fetch_array($ergebnis))
{echo "<tr>";
for($j=0;$j<=4;$j++)
{echo"<td>".$zeile[$j]."</td>";};
echo"</tr>";};
echo "</table>";echo "<br><br>";

?>
```

Beispiel mit MySQLi:

```php
<?php
$link=mysqli_connect('localhost','root','','stat');
$anfrage="select * from data1";
$ergebnis=mysqli_query($link,$anfrage);
$n=mysqli_num_rows($ergebnis);
$k=mysqli_num_fields($ergebnis);


echo "Die Tabelle enth&auml;lt ".$n."
Datens&auml;tze und $k Felder <br><br>";

// Es werden alle Datensätze in einer Tabelle
// ausgegeben.
echo "<table border='1'><tr bgcolor='#aaaaaa'>";
for($j=0;$j<=$k-1;$j++)
{echo"<td>".(mysqli_fetch_field_direct($ergebnis,
$j)->name)."</td>";};
echo"</tr>";

while ($zeile=mysqli_fetch_array($ergebnis))
{echo "<tr>";
for($j=0;$j<=4;$j++)
{echo"<td>".$zeile[$j]."</td>";};
echo"</tr>";};

echo "</table>";
echo "<br><br>";

    ?>
```

Achtung:

1) Damit dieses Beispiel läuft, muss zuvor die Datenbank „stat" angelegt worden sein und darin muss sich die Tabelle data1 befinden (siehe Beispiel im Kapitel MySQL, Kapitel 3.2). Es sollten auch mindestens zwei Datensätze vorhanden sein, da die letzte Anweisung einen Wert aus dem zweiten Datensatz ausgibt.

2) Je nachdem, welche PHP oder XAMPP Version verwendet wird, können von PHP Kommetare ausgegeben werden, wenn eine Variable nicht mit einem Wert belegt wird. Beispielsweise ist dies der Fall, wenn vom Programm her vorgesehen ist, dass eine Variable optional mit get oder post übergeben werden kann, diese aber nicht gesetzt wurde (kann bei dem Skript Datenmanagement.php im nächsten Kapitel passieren). Dann wird eine Meldung mit der Zeilennummer ausgegeben, in der $_GET steht. Alle Warnungen und Meldungen kann man generell mit der Zeile `error_reporting(0);` am Anfang eines Programms bzw. Skripts abschalten. Zum Abschalten der beschriebenen Benachrichtigung des Laufzeitsystems genügt auch die Zeile `error_reporting(E_STRICT);` (direkt nach "`<?php`"). Wenn man diese Meldungen prinzipiell umgehen möchte, muss man bei jeder "optionalen" Variable - die übergeben wird - mit isset prüfen, ob diese auch gesetzt wurde. Falls die Variable z.B. $nr heißt, könnte man dies mit der Zeile

```
if(isset($_GET["nr"]))    {$nr=$_GET["nr"];}    else
{$nr=0;}
```

tun.

Als nächstes folgen weiter Beispiele, die zeigen, wie man Datensätze eingeben, löschen, editieren (und verändern) kann, sowie bestimmte Datensätze, die vom Benutzer zuvor ausgewählt wurden, ausgeben kann.

4.6 Beispiel für diverse Datenbankoperationen über eine Web-Seite

Beispiel „Datensätze einfügen":
Für die Eingabe von Daten benötigen wir ein Formular, in dem die Daten eingegeben werden können und ein PHP-Skript, mit dem dann die Daten in der Datenbank stat bzw. Tabelle data1 gespeichert werden. Wir verwenden dazu zwei Seiten. Die erste kann eingabe.html heißen und die zweite eingabe.php. Man könnte dies auch mit einer Seite realisieren, wenn sich die Seite mit dem Formular wieder selbst aufrufen würde (wie beim Browsergame später).

Das HTML-Skript (**eingabe.html**) sieht folgendermaßen aus:

```
<html>
<title> Datensätze eingeben </title>
<body >
<h2><font face="Arial">Datensätze
eingeben</font></h2>
<hr>

<FORM action='eingabe.php' method ='post'><br>
Alter       <INPUT type='text' name='alter'  ><br>
Größe       <INPUT type='text' name='groesse'  ><br>
Gewicht     <INPUT type='text' name='gewicht'  >
<br><br>

Geschlecht:
<select name = "geschlecht">
<option value="w"> weiblich
<option value="m"> männlich
</select>
<br><br>
<br><br>
<input type="submit" value="weiter">
```

```
<input type="reset" value="zur&uuml;cksetzen">
<hr>
</body>
</html>
```

Das PHP-Skript **eingabe.php** stellt eine Datenbankverbindung her und fügt mit der SQL-Anweisung INSERT INTO einen neuen Datensatz in die Datenbank ein:

```
<html>
<body>
<hr>

<?php
$link=mysql_connect("localhost","root","");
 mysql_select_db("stat");

$geschlecht=$_POST["geschlecht"];
$groesse=$_POST["groesse"];
$gewicht=$_POST["gewicht"];
$alter=$_POST["alter"];

$anfrage="INSERT INTO data1 (geschlecht, alterx,
groesse, gewicht)
VALUES
('$geschlecht','$alter','$groesse','$gewicht')";

if ($ergebnis=mysql_query($anfrage))
{echo "Ihre Angaben wurden gespeichert!";
$max=mysql_insert_id($link);
echo "<br> Ihre ID ist: $max <br><br>";}
else {echo "Fehler";};
mysql_close($link);
?>
</body>
</html>
```

eingabe.php mit MySQLi:

```
<html>
<body>
<hr>

<?php
$link=mysqli_connect('localhost','root','','stat');

$geschlecht=$_POST["geschlecht"];
$groesse=$_POST["groesse"];
$gewicht=$_POST["gewicht"];
$alter=$_POST["alter"];

$anfrage="INSERT INTO data1 (geschlecht, alterx,
groesse, gewicht) VALUES
('$geschlecht','$alter','$groesse','$gewicht')";

if ($ergebnis=mysqli_query($link,$anfrage))
{echo "Ihre Angaben wurden gespeichert!";
$max=mysqli_insert_id($link);
echo "<br> Ihre ID ist: $max <br><br>";}
else {echo "Fehler";};
mysqli_close($link);
?>
</body>
</html>
</html>
```

Beispiel „Abfrage":

Als nächstes soll der Benutzer auswählen in einem Formular das Geschlecht auswählen können. Alle Datensätze des ausgewählten Geschlechts werden nach dem Abschicken des Formulars in einer neuen Seite angezeigt und in Form einer Tabelle ausgegeben. Dies realisieren wir wieder mit zwei Seiten. Die erste heißt abfrage.html und die zweite, in der die SQL-Anweisung an MySQL geschickt wird, heißt abfrage.php.

Die Seite **abfrage.html**:

```
<html>
   <head>
     <title> Abfrage </title>
   </head>
   <body>
     <h3> Datenbankabfrage</h3>
     <hr><form action = 'abfrage.php'
     method = 'post'>
     Geschlecht: <SELECT name = 'Geschlecht'
     size = '1'>
     <Option value = 'm'> männlich
     <Option value = 'w'> weiblich
     </SELECT> <br><br>
     <Input type = 'submit' value = "Abfrage">
     <Input type = 'reset' value =
     "Zur&uuml;cksetzen">
     </form><hr>
   </body>
</html>
```

Das PHP-Skript **abfrage.php** führt eine Abfrage aus und wählt alle Personen, bei denen das Feld Geschlecht das ausgewählte Geschlecht aufweist.

```html
<html>
   <head>
     <title>Ergebnis der Abfrage </title>
   </head>
   <body>
     <h3> Suchergebnis </h3> <hr>

     <?php
     $Geschlecht=$_POST["Geschlecht"];
     $link = mysql_connect("localhost","root","");
     mysql_select_db("stat");
     $anfrage = "SELECT * FROM data1 WHERE
     geschlecht ='$Geschlecht' ORDER BY alterx";
     $ergebnis = mysql_query($anfrage) or die
     ("Fehlermeldung=".mysql_error());
     echo mysql_num_rows($ergebnis)."
     Datens&auml;tze<P>";
     echo "<TABLE border = '1'>";
     for ($i=0; $i<mysql_num_fields($ergebnis);
     $i++)
     {echo "<TH>".
     mysql_field_name($ergebnis,$i)."</TH>";};
     while ($zeile = mysql_fetch_row($ergebnis))
        {echo "<TR align='center'>";
     for ($i = 0;
     $i<mysql_num_fields($ergebnis);$i++)
        {echo "<TD>".$zeile[$i]."</TD>";};
     echo "</TR>";};
     echo "</TABLE>";
     mysql_free_result($ergebnis);
     mysql_close($link);
     ?> <hr>
   </body>
</html>
```

abfrage.php mit MySQLi:

```
<html>
   <head>
<title>Ergebnis der Abfrage </title>
   </head>
   <body>
<h3> Suchergebnis </h3> <hr>


<?php
$Geschlecht=$_POST["Geschlecht"];
$link =
mysqli_connect("localhost","root","","stat");
$anfrage = "SELECT * FROM data1 WHERE geschlecht
='$Geschlecht' ORDER BY alterx";
$ergebnis = mysqli_query($link,$anfrage) or die
("Fehlermeldung=".mysql_error());
echo mysqli_num_rows($ergebnis)."
Datens&auml;tze<P>";
echo "<TABLE border = '1'>";
for ($i=0; $i<mysqli_num_fields($ergebnis); $i++)
   {echo "<TH>".
(mysqli_fetch_field_direct($ergebnis, $i)->name)
."</TH>";};
while ($zeile = mysqli_fetch_row($ergebnis))
   {echo "<TR align='center'>";
for ($i = 0; $i<mysqli_num_fields($ergebnis);$i++)
   {echo "<TD>".$zeile[$i]."</TD>";};
echo "</TR>";};
echo "</TABLE>";
mysqli_free_result($ergebnis); mysqli_close($link);
?> <hr>
</body>
</html>
```

Beispiel „Datensätze ändern":

Um Datensätze zu ändern, sind drei Schritte nötig: Als Erstes wird der zu ändernde Datensatz ausgewählt. Danach wird dieser editiert und man kann Werte von Feldern dieses Datensatzes ändern. Im letzten Schritt müssen die Änderungen über eine SQL-Abfrage durchgeführt werden. Wir setzen dies mit drei Seiten um:

Das **editiere1.php**-Skript:

```
<html>
<head>
  <title>Editieren</title>
</head>
  <body>
<h2><font face="Arial">Auswahl zum
Editieren</font></h2>

<?php
$link=mysql_connect('localhost','root','');
mysql_select_db("stat");
$anfrage="select * from data1";
$ergebnis=mysql_query($anfrage);
$n=mysql_num_rows($ergebnis);
echo "Die Tabelle enthält ".$n." Datensätze
<br><br>";

echo "<table border='3'><tr><td>Datensatznr
(ID)</td><td>Geschlecht</td><td>Alter</td><td>Größe
</td><td>Gewicht</td></tr>";

for($i=1;$i<=$n;$i++)
{$zeile=mysql_fetch_array($ergebnis);
echo "<tr>";
for($j=0;$j<=4;$j++)
{echo"<td>".$zeile[$j]."</td>";};
echo"</tr>";};
echo "</table>";
echo "<br><br>";  ?>
```

```
<hr>
<form action="editiere2.php" method="post">
<font face="Arial">Gebe hier bitte die ID des
Datensatzes ein, der geändert werden
soll:<br></font>
<input type="text" name="id" size="10"
maxlength="20">
<input type="submit" value="weiter">
<input type="reset" value="zur&uuml;cksetzen">
</form>
</body>
</html>
```

Bei den folgenden Versionen mit MySQLi wurden auch die Umlaute in HTML-Code verwendet, was oben - aus Gründen der einfacheren Leserlichkeit - nicht gemacht wurde.

editiere1.php mit MySQLi:

```
<html>
<head>
   <title>Editieren</title>
</head>
   <body>

<h2><font face="Arial">Auswahl zum
Editieren</font></h2>

<?php
error_reporting(E_STRICT);
$link=mysqli_connect('localhost','root','','stat');
$anfrage="select * from data1";
$ergebnis=mysqli_query($link,$anfrage);
$n=mysqli_num_rows($ergebnis);
echo "Die Tabelle enth&auml;lt ".$n."
Datens&auml;tze <br><br>";
```

```
echo "<table border='3'><tr><td>Datensatznr
(ID)</td><td>Geschlecht</td><td>Alter</td><td>
Gr&ouml;&szlig;e</td><td>Gewicht</td></tr>";

for($i=1;$i<=$n;$i++)
{$zeile=mysqli_fetch_array($ergebnis);
echo "<tr>";
for($j=0;$j<=4;$j++)
{echo"<td>".$zeile[$j]."</td>";};
echo"</tr>";};
echo "</table>";
echo "<br><br>"; ?>


<hr>
<form action="editiere2.php" method="post">
<font face="Arial">Geben Sie hier bitte die ID des
Datensatzes ein, der ge&auml;ndert werden
soll:<br></font>
<input type="text" name="id" size="10"
maxlength="20">
<input type="submit" value="weiter">
<input type="reset" value="zur&uuml;cksetzen">
</form>

</body>
</html>
```

Mit dem obigen Skript konnte ein Datensatz ausgewählt werden, der editiert werden soll. Mit dem nächsten Skript (**editiere2.php**) können Daten geändert werden.

```
<html>
<head><title>Datenmanagement</title></head>
<body>
<H1>Datenmanagement</H1>
```

```php
<?php
$link=mysql_connect('localhost','root','');
mysql_select_db("stat");
$id=$_POST["id"];

$anfrage="select * from data1 where id = $id";
$ergebnis=mysql_query($anfrage);
$zeile = mysql_fetch_row($ergebnis);

echo "<table border='1'>
<tr bgcolor='#ccccdd'>
<td>Datensatznr (ID)</td><td>Geschlecht</td>
<td>Alter</td><td>Größe</td><td>Gewicht</td>
<td></td></tr>";
echo "<tr>
<td><FORM action='editiere3.php' method ='post'>
$zeile[0] <INPUT type='hidden' name='id'
value='$zeile[0]' ></td>
<td><INPUT type='text' name='geschlecht'
value='$zeile[1]' ></td>
<td><INPUT type='text' name='alter'
value='$zeile[2]' ></td>
<td><INPUT type='text' name='groesse'
value='$zeile[3]' ></td>
<td><INPUT type='text' name='gewicht'
value='$zeile[4]' ></td>
<td><INPUT type='submit' name='submit'
value='ändern'>
</td>";
echo "</FORM>";
echo "</td></tr>";
echo "</table><br><br>";

mysql_free_result($ergebnis);
mysql_close($link);
?>

</form>
</body></html>
```

editiere2.php mit MySQLi:

```
<html>
<head><title>Datenmanagement</title></head>
<body>
<H1>Datenmanagement</H1>

<?php
$link=mysqli_connect('localhost','root','','stat');
$id=$_POST["id"];

$anfrage="select * from data1 where id = $id";
$ergebnis=mysqli_query($link,$anfrage);
$zeile = mysqli_fetch_row($ergebnis);

echo "<table border='1'><tr bgcolor='#ccccdd'><td>
Datensatznr (ID)</td><td>Geschlecht</td><td> Alter
</td><td>Gr&ouml;&szlig;e</td><td>Gewicht</td><td>
</td></tr>";
echo "<tr>
 <td><FORM action='editiere3.php' method ='post'>
$zeile[0] <INPUT type='hidden' name='id'
value='$zeile[0]' ></td>
<td><INPUT type='text' name='geschlecht'
value='$zeile[1]' ></td>
<td><INPUT type='text' name='alter'
value='$zeile[2]' ></td>
<td><INPUT type='text' name='groesse'
value='$zeile[3]' ></td>
<td><INPUT type='text' name='gewicht'
value='$zeile[4]' ></td>
<td><INPUT type='submit' name='submit'
value='&Auml;ndern'>
</td>";

echo "</FORM>";
echo "</td></tr>";
echo "</table><br><br>";
```

```
mysqli_free_result($ergebnis);
mysqli_close($link);
?>
</form><hr>
</body></html>
```

Durch das **editiere3.php**-Skript wird nun die Änderung gespeichert:

```
<html>
<head><title>Datenmanagement</title></head>
<body>
<H1>Datenmanagement</H1>

<?php
$link=mysql_connect('localhost','root','');
mysql_select_db("stat");

$id=$_POST["id"];
$geschlecht=$_POST["geschlecht"];
$groesse=$_POST["groesse"];
$gewicht=$_POST["gewicht"];
$alter=$_POST["alter"];
$submit=$_POST["submit"];
$loeschen=$_POST["loe"];

$anfrage="update data1 set groesse='$groesse',
alterx='$alter', geschlecht='$geschlecht',
gewicht='$gewicht' where id=$id";
$dat0=mysql_query($anfrage);
echo "<br><br> Die Änderung wurde gespeichert!!
<br><br>";
mysql_close($link);
?>

</form>
</body></html>
```

editiere3.php mit MySQLi:

```
<html>
<head><title>Datenmanagement</title></head>
<body>
<H1>Datenmanagement</H1>

<?php
error_reporting(E_STRICT);
$link=mysqli_connect('localhost','root','','stat');

$id=$_POST["id"];
$geschlecht=$_POST["geschlecht"];
$groesse=$_POST["groesse"];
$gewicht=$_POST["gewicht"];
$alter=$_POST["alter"];
$submit=$_POST["submit"];

$anfrage="update data1 set groesse ='$groesse',
alterx='$alter', geschlecht='$geschlecht',
gewicht='$gewicht' where id=$id";
$dat0=mysqli_query($link,$anfrage);
echo "<br><br> Die &Auml;nderung wurde
gespeichert!!<br><br>";
mysqli_close($link);
?>

</form><hr>
</body></html>
```

Man könnte natürlich im oberen Skript noch prüfen, ob der Datensatz mit der angegeben id überhaupt existiert. Wollte man dies vermeiden, könnte man auch das erste Skript (**editiere1.php**) wie folgt aussehen lassen:

```
<html>
<head>
  <title>Editieren</title>
</head> <body>
```

```
<h2><font face="Arial">Auswahl zum
Editieren</font></h2>

<?php
$link=mysql_connect('localhost','root','');
mysql_select_db("stat");
$anfrage="select * from data1";
$ergebnis=mysql_query($anfrage);
$n=mysql_num_rows($ergebnis);
echo "Die Tabelle enthält ".$n." Datensätze
<br><br>";

echo "<table border='3'><tr><td>Datensatznr
(ID)</td><td>Geschlecht</td><td>Alter</td><td>Größe
</td><td>Gewicht</td></tr>";

for($i=1;$i<=$n;$i++)
{$zeile=mysql_fetch_array($ergebnis);
echo "<tr>";
for($j=0;$j<=5;$j++)
{echo"<td>".$zeile[$j]."</td>";};
echo"</tr>";};
echo "</table>";
echo "<br><br>"; ?>

<hr>
<form action="editiere2.php" method="post">
<font face="Arial">Wähle hier bitte die ID des
Datensatzes, der geändert werden soll:<br></font>

<select name="id" size="1">

<?php
$sql="select id from data1";
$a=mysql_query($sql);
while($z=mysql_fetch_array($a))
{echo "<option value='$z[0]'>$z[0] </option>";}
?> </select>
```

```
<input type="submit" value="weiter">
<input type="reset" value="zur&uuml;cksetzen">
</form>
</body>
</html>
```

Hier wird dann eine id aus den vorhandenen zur Auswahl angeboten.

Datensätze löschen:

Um Datensätze zu löschen, muss einmal der Datensatz ausgewählt und dann noch gelöscht werden. Um diesen Vorgang durchzuführen, verwenden wir zwei Seiten.

Die Seite **loeschen1.php**:

```
<html>
<head>
  <title>L&ouml;schen</title>
</head>
  <body>

<h2><font face="Arial">Auswahl zum
L&ouml;schen</font></h2>

<?php
$link=mysql_connect('localhost','root','');
mysql_select_db("stat");
$anfrage="select * from data1";
$ergebnis=mysql_query($anfrage);

$n=mysql_num_rows($ergebnis);

echo "Die Tabelle enthält ".$n." Datensätze
<br><br>";

echo "<table border='3'><tr><td>Datensatznr
(ID)</td><td>Geschlecht</td><td>Alter</td><td>Größe
</td><td>Gewicht</td>
</tr>";

for($i=1;$i<=$n;$i++)
{$zeile=mysql_fetch_array($ergebnis);
echo "<tr>";
for($j=0;$j<=5;$j++)
{echo"<td>".$zeile[$j]."</td>";};
echo"</tr>";};
```

```
echo "</table>";
echo "<br><br>"; ?>

<hr>
<form action="loeschen2.php" method="post">
  <pre><font face="Arial">


</font><big><font face="Arial">ID des Datensatzes,
der gel&ouml;scht werden soll: </font></big><font
 face="Arial"> <input type="text" name="id"
size="10" maxlength="20"
 value="">

<font face="Arial">  <input type="submit"
value="weiter"> <input
 type="reset" value="zur&uuml;cksetzen"> </font>
</form>
</body>
</html>
```

loeschen1.php mit MySQLi:

```
<html>
<head>
  <title>L&ouml;schen</title>
</head>
  <body>

<h2><font face="Arial">Auswahl zum
L&ouml;schen</font></h2>

<?php
error_reporting(E_STRICT);
$link=mysqli_connect('localhost','root','','stat');
$anfrage="select * from data1";
$ergebnis=mysqli_query($link,$anfrage);
$n=mysqli_num_rows($ergebnis);
```

```
echo "Die Tabelle enth&auml;lt ".$n."
Datens&auml;tze <br><br>";

echo "<table border='3'><tr><td>Datensatznr
(ID)</td><td>Geschlecht</td><td>Alter</td><td>
Gr&ouml;&szlig;e</td><td>Gewicht</td>
</tr>";

for($i=1;$i<=$n;$i++)
{$zeile=mysqli_fetch_array($ergebnis);
echo "<tr>";
for($j=0;$j<=5;$j++)
{echo"<td>".$zeile[$j]."</td>";};
echo"</tr>";};
echo "</table>";
echo "<br><br>";  ?>

<hr>
<form action="loeschen2.php" method="post">
  <pre><font face="Arial">

</font><big><font face="Arial">ID des Datensatzes,
der gel&ouml;scht werden soll: </font></big><font
 face="Arial"> <input type="text" name="id"
size="10" maxlength="20"
 value="">

<font face="Arial">  <input type="submit"
value="weiter"> <input
 type="reset" value="zur&uuml;cksetzen"> </font>
</form>

 <br>
</body>
</html>
```

Das Skript von **loeschen2.php**:

```
<HTML>
<HEAD><TITLE>Löschen</TITLE></HEAD>
<BODY>
<H2>L&ouml;schen</H2>
<?php
$link=mysql_connect('localhost','root','');
mysql_select_db("stat");
$id=$_POST["id"];
$anfrage="delete from data1 where id='$id'";
$dat0=mysql_query($anfrage);
echo "<br><br> Der Datensatz mit der ID $id wurde
gelöscht, falls er existierte!!<br><br>";
 ?>
</FORM><HR></BODY></HTML>
```

loeschen2.php mit MySQLi:
```
<HTML>
<HEAD><TITLE>Löschen</TITLE></HEAD>
<BODY>
<H2>L&ouml;schen</H2>
<?php
$link=mysqli_connect('localhost','root','',"stat");
$id=$_POST["id"];
$anfrage="delete from data1 where id='$id'";
$dat0=mysqli_query($link,$anfrage);
echo "<br><br> Der Datensatz mit der ID $id wurde
gel&ouml;scht, falls er existierte!!<br><br>";
 ?>
</FORM><HR></BODY></HTML>
```

Es folgt noch ein Skript, mit dem geändert und gelöscht werden kann. Bei der Version mit MySQLi wurde noch etwas ergänzt. Zum einen wurden Kommentare des Systems unterdrückt durch error_reporting(E_STRICT); und zum anderen werden nur gesetzte Werte (mit „isset") übergeben. Dies ist gerade bei neueren PHP-Versionen angebracht und kann auch bei dem PHP-Programm ohne MySQLi verwendet werden, wenn Kommentare erscheinen.

Datenmanagement.php:

```php
<html>
<head><title>Datenmanagement</title></head>
<body>
<H1>Datenmanagement</H1>

<?php
$link=mysql_connect('localhost','root','');
mysql_select_db("stat");

//Falls dieses Formular bereits abgeschickt wurde,
//da es sich selbst aufruft:

$id=$_POST["id"];
$geschlecht=$_POST["geschlecht"];
$groesse=$_POST["groesse"];
$gewicht=$_POST["gewicht"];
$alter=$_POST["alter"];
$submit=$_POST["submit"];
$loeschen=$_POST["loe"];

if(strlen($id)>0){
if(strlen($submit)>0):
$anfrage="update data1 set groesse ='$groesse',
alterx='$alter',geschlecht='$geschlecht',
gewicht='$gewicht' where id=$id";
$dat0=mysql_query($anfrage);
echo "<br><br> Die Änderung wurde
gespeichert!!<br><br>";

elseif(strlen($loeschen)>0):
$anfrage="delete from data1 where id='$id'";
$dat0=mysql_query($anfrage);

echo "<br><br> Der Datensatz wurde gelöscht!!
<br><br>";

endif; }; ?>
```

```php
<?php
$anfrage="select * from data1";
$ergebnis=mysql_query($anfrage);

$anzahl=mysql_num_rows($ergebnis);
echo "<table border='1'><tr
bgcolor='#ccccdd'><td>Datensatznr</td>
<td>Geschlecht</td><td>Alter</td><td>Größe</td><td>
Gewicht</td><td></td></tr>";
while ($zeile = mysql_fetch_row($ergebnis))
{echo "<tr>
<td><FORM action='Datenmanagement.php'
method ='post'>
$zeile[0] <INPUT type='hidden' name='id'
value='$zeile[0]' ></td>
<td><INPUT type='text' name='geschlecht'
value='$zeile[1]' ></td>
<td><INPUT type='text' name='alter'
value='$zeile[2]' ></td>
<td><INPUT type='text' name='groesse'
value='$zeile[3]' ></td>
<td><INPUT type='text' name='gewicht'
value='$zeile[4]' ></td>
<td><INPUT type='submit' name='submit'
value='Ändern'>
<INPUT type='submit' name='loe'
value='Löschen'></td>";

echo "</FORM>";
echo "</td></tr>";}
echo "</table><br><br>";

mysql_free_result($ergebnis);
mysql_close($link);
?>

</form><hr>
</body></html>
```

Datenmanagement.php mit MySQLi:

```
<html>
<head><title>Datenmanagement</title></head>
<body>
<H1>Datenmanagement</H1>

<?php
error_reporting(E_STRICT);
$link=mysqli_connect('localhost','root','','stat');

if(isset($_POST["id"])) {$id=$_POST["id"];} else
{$id="";}
if(isset($_POST["geschlecht"]))
{$geschlecht=$_POST["geschlecht"];} else
{$geschlecht="";}
if(isset($_POST["groesse"]))
{$groesse=$_POST["groesse"];} else {$groesse="";}
if(isset($_POST["gewicht"]))
{$gewicht=$_POST["gewicht"];} else {$gewicht="";}
if(isset($_POST["alter"]))
{$alter=$_POST["alter"];} else {$alter="";}
if(isset($_POST["submit"]))
{$submit=$_POST["submit"];} else {$submit="";}
if(isset($_POST["loe"])) {$loeschen=$_POST["loe"];}
else {$loe="";}

if(strlen($id)>0){

if(strlen($submit)>0):
$anfrage="update data1 set groesse
='$groesse',alterx='$alter',geschlecht='$geschlecht
',gewicht='$gewicht' where id=$id";
$dat0=mysqli_query($link,$anfrage);
echo "<br><br> Die &Auml;nderung wurde
gespeichert!!<br><br>";

elseif(strlen($loeschen)>0):
$anfrage="delete from data1 where id='$id'";
$dat0=mysqli_query($link,$anfrage);
```

```php
echo "<br><br> Der Datensatz wurde
gel&ouml;scht!!<br><br>";
endif; }; ?>

<?php
$anfrage="select * from data1";
$ergebnis=mysqli_query($link,$anfrage);

$anzahl=mysqli_num_rows($ergebnis);
echo "<table border='1'><tr
bgcolor='#ccccdd'><td>Datensatznr</td><td>Geschlech
t</td><td>Alter</td><td>Gr&ouml;&szlig;e</td><td>Ge
wicht</td><td></td></tr>";
while ($zeile = mysqli_fetch_row($ergebnis))
{echo "<tr><td><FORM action='Datenmanagement.php'
method ='post'>
$zeile[0] <INPUT type='hidden' name='id'
value='$zeile[0]' ></td>
<td><INPUT type='text' name='geschlecht'
value='$zeile[1]' ></td>
<td><INPUT type='text' name='alter'
value='$zeile[2]' ></td>
<td><INPUT type='text' name='groesse'
value='$zeile[3]' ></td>
<td><INPUT type='text' name='gewicht'
value='$zeile[4]' ></td>
<td><INPUT type='submit' name='submit'
value='&Auml;ndern'>
<INPUT type='submit' name='loe'
value='L&ouml;schen'></td>";
echo "</FORM>";
echo "</td></tr>";}
echo "</table><br><br>";

mysqli_free_result($ergebnis);
mysqli_close($link);
?>

</form><hr> </body></html>
```

4.7 Kleines Javascript-Beispiel

In diesem Unterkapitel soll ein kleines Javascript-Beispiel, mit dem eine Tabelle ausgegeben wird, vorgestellt werden. Variablennamen in Javascript benötigen kein $-Zeichen wie in PHP. while-Schleifen oder for-Schleifen sind aber ganz analog aufgebaut. Statt echo wird hier document.write verwendet und zwei Zeichenketten werden anstatt mit einem Punkt mit einem Plus verbunden.

Javascript läuft, wie bereits erwähnt, beim Anwender im Browser ab und nicht auf dem Server, wie PHP. Es ist somit clientseitig. Aus diesem Grund benötigt dieses Beispiel auch keinen Server wie Apache. Weitere Beispiele und auch Javascript-Browserspiele findet ihr unter www.galaxieswar.de/Buch.

Beispiel:

```
<html><body>
<table border = "1">
<script type="text/javascript">
var i = 0;
while (i<10)
{document.write("<tr><td>"+ i +"</td></tr>");i++;}
</script>
</table>
</html></body>
```

4.8 Grafiken mit PHP generieren

In den folgenden Unterkapiteln soll in Beispielen gezeigt werden, wie man mit PHP-Befehlen Grafiken manipulieren bzw. erzeugen kann. Dazu dienen zwei sehr einfach Versionen des Browsergames, bei der die Position eines Raumschiffes festgelegt werden kann. Danach wird gezeigt, wie man mit Rechtecken ein Balkendiagramm erstellen kann.

4.8.1 Sehr einfache Version eines Spieles

In dieser Vorversion kann ein Raumschiff (schiff.png) auf einem Hintergrund (hintergrund.png) bewegt werden. Beide Dateien müssen sich im gleichen Verzeichnis wie dieses Programm befinden. Die Dateien können auf www.galaxieswar.de/Buch herunter geladen werden. Mit dem Befehl imageCreateFromJPEG könnten auch, wie später im Browsergame, JPEG-Grafiken eingebunden werden.

In **game.php** befindet sich ein Formular, welches wieder sich selbst aufruft, nachdem eine neue Position eingegeben wurde. Durch den Befehl imagecopy wird das Schiff auf den Intergrund an die gewählte Position kopiert.

```
<HMTL>
<BODY>

Gebe deine neue Position ein:<br>
<form method="post" action="game.php">

x-Koordinate (von 0 bis 610):
<input type="text" name="x" size="5"> <br>
y-Koordinate (von 0 bis 470):
<input type="text" name="y" size="5">
```

```
<input type="submit" name="Submit"
value="abschicken">
</form><br><br>

<?php
$x=$_POST["x"];
$y=$_POST["y"];
echo "aktuelle Position des Schiffes: x = $x und
y = $y <br>";

if(!empty($x) && !empty($y)):

// Hintergrund einlesen
$img = imagecreatefrompng('hintergrund.png');
// Schiff einlesen
$logo_img = imagecreatefrompng('schiff.png');

// Schiff auf Hintergrund kopieren
imagecopy($img, $logo_img,
     (imagesx($img)-imagesx($logo_img))-615+$x,
     (imagesy($img)-imagesy($logo_img))-$y,
         0, 0, imagesx($logo_img),
imagesy($logo_img));


// Bild als JPEG mit Qualität 75 speichern
imagejpeg($img, 'zielbild.jpg', 75);
endif;

echo "<img src='zielbild.jpg?yy=".mktime()."'>";
 ?>

</BODY>
</HMTL>
```

4.8.2 Eine etwas komfortablere Version des Spieles

In dieser Version muss die Position nicht eingegeben werden, sondern man kann sie durch klicken auf eine Grafik (map.jpg) bestimmen. Dabei wird ausgenutzt, dass man auch ein Bild bei einem Inputfeld im Formular verwenden kann. Das Formular wird automatisch abgeschickt, wenn man auf eine bestimmte Stelle auf das Bild map.jpg klickt. Danach werden automatisch die Koordinaten, auf die man geklickt hat, in den Variablen v_x und v_y übergeben. Dies wird auch bei dem Spiel in der „Endversion" verwendet. Nur werden hier dann die Koordinaten für die Positionsänderung verwendet werden, damit man nicht mit einem Klick gleich an eine ganz andere Stelle gelangt.

gamev2.php:

```
<HTML>
<BODY>

Wähle die neue Position:<br>
<form method="post" action="gamev2.php">
<input type="image" name="v" value="irgendwas"
src="map.jpg" hight="56" width="74" >
</form>

<?php
$x=$_POST["v_x"]*10;
$y=$_POST["v_y"]*10;

echo "aktuelle Position des Schiffes: x = $x und y
= $y <br>";

if(!empty($x) && !empty($y)):

// Hintergrund einlesen
$img = imagecreatefrompng('hintergrund.png');
```

```php
// Schiff einlesen
$logo_img = imagecreatefrompng('schiff.png');

// Schiff auf Hintergrund kopieren
imagecopy($img, $logo_img,
        (imagesx($img)-imagesx($logo_img))-736+$x,
        (imagesy($img)-imagesy($logo_img))-558+$y,
         0, 0, imagesx($logo_img),
imagesy($logo_img));

// Bild als JPEG mit Qualität 75 speichern
imagejpeg($img, 'zielbild.jpg', 75);

endif;
// Damit das Bild auch vom Browser aktualisiert
// wird, wird die Zeit in der Dummyvariablen yy
// übergeben. Da manche Browser ein
// einmal geladenes Bild über den Cache neu laden.

echo "<img src='zielbild.jpg?yy=".mktime()."'>";

?>
</BODY>
</HMTL>
```

4.8.3 Beispiel für die Generierung von Grafiken mit PHP: Erstellung eines Diagramms mit Grafikbefehlen

Mit dem unteren Skript kann ein Balkendiagramm erstellt werden. Dabei werden Rechtecke mit verschiedenen Farben nebeneinander gelegt. Dieses Skript solltest Du unter dem Namen balkendiagramm.php speichern. Es werden vier Balken erstellt. Die Höhe der Balken kann man über die URL übergeben, d.h. wenn Du im Browser

http://localhost/VerzeichnisindemdasSkriptsteht/balkendiagramm.php?v1=10&v2=20&v3=30&v4=40

eingibst, dann wird das Diagramm angezeigt mit den Balkenhöhen 10 für den ersten, 20 für den zweiten Balken, usw.. Wird eine Balkenhöhe vergessen, so wird sie vom Programm auf 0 gesetzt.

balkendiagramm.php:

```php
<?php
//default Einstellungen
$v1 = 0;
$v2 = 0;
$v3 = 0;
$v4 = 0;


// Überprüfung von Werteübergabe per URL
if (isset($_GET["v1"])) {$v1 = $_GET["v1"];}
if (isset($_GET["v2"])) {$v2 = $_GET["v2"];}
if (isset($_GET["v3"])) {$v3 = $_GET["v3"];}
if (isset($_GET["v4"])) {$v4 = $_GET["v4"];}


$breite=200;$hoehe=300;
// kreiere Bild
$im = ImageCreate ($breite, $hoehe);
```

```php
// weiß und schwarz zuordnen
$weiss  = ImageColorAllocate ($im, 255, 255, 255);
$schwarz = ImageColorAllocate ($im, 0, 0, 0);

// weißen Hintergrund zeichnen
ImageFilledRectangle($im,0,0,$breite,$hoehe,$weiss
);

// Daten für Balken
$data = array ("1"=>"$v1",
               "2"=>"$v2",
               "3" => "$v3",
               "4" => "$v4"

);


/* Berechnung einiger Werte abhängig von
Bilddimensionen */

$maxwert = max($data);
$hoehefaktor = ($hoehe-10) / $maxwert;
$blockbreite = $breite / count($data);
$abstand = $blockbreite / 10;
$z=0;

// zeichne für jeden Wert einen Balken
foreach($data as $monat => $wert)
{
    $z++;
    $farbe = ImageColorAllocate ($im,
($wert/$maxwert*250)-50, 100, 0);
    $start_x = $abstand+ ($blockbreite * ($z-1)) ;
    $start_y = $hoehe - ($wert * $hoehefaktor);
    $end_x   = ($blockbreite * $z)-$abstand  ;
    $end_y   = $hoehe;
ImageFilledRectangle($im,$start_x,$start_y,$end_x,$
end_y,$farbe);   }
```

```
// schwarzes Rechteck um das Bild
ImageRectangle($im,0,0,$breite-1,$hoehe-
1,$schwarz);

// Bild ausgeben
Header ("Content-type: image/png");
ImagePNG ($im);
ImageDestroy ($im);
?>
```

Als nächstes sind noch die Skripte für zwei Seiten zu sehen. Die erste kann eingabe.html genannt werden und die zweite Seite sollte grafikausgabe.php heißen. In der ersten Seite werden die Balkenhöhen eingegeben, die dann an die Seite grafikausgabe.php geschickt werden. Die zweite Seite zeigt dann eine Tabelle mit den eingegebnen Werten und das Balkendiagramm.

eingabe.html:

```
<html>
    <head>
<title> Formular </title>
    </head>
    <body>

<FORM action='grafikausgabe.php' method ='post'>
<br><br>

Balkenhöhe 1:
<input type="text" name="v1" size="10"
maxlength="20"
 value=""><br>


Balkenhöhe 2:
```

```
<input type="text" name="v2" size="10"
maxlength="20"
 value=""><br>
Balkenhöhe 3:
<input type="text" name="v3" size="10"
maxlength="20"
 value=""><br>
Balkenhöhe 4:
<input type="text" name="v4" size="10"
maxlength="20"
 value=""><br><br>

<input type= "submit" value="Abschicken">
<input type= "reset" value="Zur&uuml;cksetzen">
</form>
    </body>
</html>
```

grafikausgabe.php:

```
<html>
    <head>
<title> Formular </title>
    </head>
    <body>

<?php
$v1 = $_POST["v1"];
$v2 = $_POST["v2"];
$v3= $_POST["v3"];
$v4 = $_POST["v4"];

echo "<table border = '2'><tr><td>Balken
1</td><td>Balken 2</td><td>Balken 3</td><td>Balken
4</td></tr>";

echo "<tr><td>$v1</td><td>$v2</td><td>$v3</td>
<td>$v4</td></tr></table><br>";
```

```php
echo "<IMG src =
'balkendiagramm.php?v1=$v1&v2=$v2&v3=$v3&v4=$v4'
>";

?>
    </body>
</html>
```

4.9 Münzspiel mit Einsatz

Unten ist ein PHP-Skript für ein Münzspiel zu sehen. Bei diesem Spiel kann man von (zu Beginn) 100 Punkten einen Teil setzen, wobei man auf „Kopf" oder „Zahl" tippt. Die Grafiken für die beiden Münzseiten (1.jpg und 2.jpg) und auch das komplette Skript können unter dem Link „hier sind noch mehr Beispiele zu PHP und MySQL" auf der Seite www.galaxieswar.de/Buch heruntergeladen werden. Diese müssen dann wieder in dasselbe Verzeichnis wie das Skript kopiert werden. Zusätzlich findet Ihr hier auch ein Black Jack Spiel.

Es folgt das komplette Skript mit Erklärungskommentare:

```
<html>
   <head>
     <title> Münzwurf </title>
   </head>

<body bgcolor="#C0C0C0" background="">
<font size ="4" color="#ff0000">
<b>Münzspiel:</b><br>
Es wird ein mal eine Münze geworfen.<br><br>

<!-- mit "<?php echo $PHP_SELFE; ?>" ruft sich die
Seite selbst auf, sobald der Submit-Button
angeklickt wird. -->

<form action ="<?php echo $PHP_SELFE; ?>"
method="post">

Auf was setzt Du?<br>
<select name="tipp" size="2">
     <option value="1">Wappen</option>
     <option value="2">Zahl</option>
     </select>
```

```
<br><br> Einsatz eingeben:<input type ="text"
name= "einsatz"  value="0" ><br>
Der Einsatz kann maximal die vorhandenen Punkte
betragen!<br><br>
<input type ="submit" name= "spiel" value="werfen"
><br>
<hr>

<?php
$spiel=$_POST["spiel"];

// Falls das erste mal auf submit geklickt wurde:
if ($spiel=="werfen"):
$tipp=$_POST["tipp"];
$einsatz=$_POST["einsatz"];
$punkte = $_POST["punkte"];

// Falls keine Zahl als Einsatz eingegeben wurde,
// wird dieser auf Null gesetzt!
if (!is_numeric($einsatz)){$einsatz=0;}

srand(microtime()*1000000);
// Zufallszahl ziehen (1 oder 2)
$x=rand(1,2);

?>
Ergebnis:<br>
<table border='1'><tr>
<?php
echo "<td><img src='".$x.".jpg'></td>";
?>
</tr></table>

<?php
if ($x==$tipp){
echo "<br>Gewonnen!"; $g=1;}
else {
echo "<br>Verloren!"; $g=0;}
```

```php
// man kann maximal die vorhandenen Punkte setzen.
// Einsatz darf auch nicht negativ sein!
if ($einsatz>$punkte) {$einsatz=$punkte;}
if ($einsatz<0) {$einsatz=0;}

if ($g==1) {$punkte = $punkte + $einsatz;}
else { $punkte=$punkte-$einsatz;}

echo "<br>Dein Einsatz betrug $einsatz.";
echo "<br>Punktestand:<input type='hidden'
name='punkte' value ='$punkte' ><br>";
echo "Du hast nun $punkte Punkte!";

else:
// Nach dem Laden der Seite hat man 100 Punkte!
echo "<br>Punktestand:<input type='hidden'
name='punkte' value ='100' ><br>";
echo "Du hast nun 100 Punkte!";
endif;
?>
</form>
</font>
</body></html>
```

4.10 Anwendungsbeispiel Chat

Es soll noch zuletzt, bevor wir zum Browsergame kommen, gezeigt werden, wie man einen einfachen Chat erstellen kann. Hierfür muss eine Datenbank und eine Tabelle in MySQL angelegt werden:

```
CREATE DATABASE Datenbank;
USE Datenbank;
CREATE TABLE `forum` (
  `nr` int(11) NOT NULL auto_increment,
  `Datum` timestamp NOT NULL default
CURRENT_TIMESTAMP on update CURRENT_TIMESTAMP,
  `Name` varchar(80),
  `Beitrag` text,
    PRIMARY KEY  (`nr`));
```

Im Feld Datum (Typ timestamp) wird das aktuelle Datum mit Uhrzeit automatisch eingefügt, sobald ein Chat-Beitrag erstellt wird.

Der Chat besteht aus 3 Dateien. Die erste Datei heißt index.html. Dies enthält 2 Frames (mit Frames können andere HTML- oder PHP-Seiten in eine Seite eingebunden werden). forum1.php zeigt die Tabelle mit den Chatbeiträgen. forum2.php dient für die Eingabe neuer Beiträge. Der Chat ist noch relativ einfach gehalten, denn er soll nur die Funktionsweise erklären.

In der Datei forum1.php ist ein Javascript-Programm eingebunden, welches die Seite jede Sekunde (1000 Millisekunden) neu lädt, damit neue Chat-Beiträge angezeigt werden. Außerdem „scrollt" Javascript automatisch immer an das Ende der Tabelle, wo die neusten Beiträge stehen.

Die Datei **index.html**:

```
<HTML>
<HEAD>
<TITLE>Forum</TITLE>
</HEAD>
<FRAMESET RowS="70% ,*" >
     <FRAME SRC="forum1.php" NAME="Forum"
marginwidth="8" marginheight="0" frameborder="0"
scrolling="yes" noresize>
     <FRAME SRC="forum2.php" NAME="Beitrag
erstellen" scrolling="no">
</FRAMESET><noframes>
</HTML>
```

Die Datei **forum1.php**:

```
<html>
<head>
<title>Forum</title></head>
<body bgcolor='#FFFFCC' onLoad="rfr()">

<script type="text/javascript"
language="JavaScript">

function rfr(){self.scrollTo(0,1000)}

function check()
    {    window.location.href="forum1.php"    }
 setTimeout("check()", 1000);
</script>

<?php
echo "<H2> Chat </H2>";
$link=mysql_connect("localhost","root","");
mysql_select_db("Datenbank");
$anfrage="select Name, Beitrag, nr from forum order
by nr";
```

```php
$ergebnis=mysql_query($anfrage);

$n=mysql_num_rows($ergebnis);

$max=12;
if($n>$max) {$nx=$n-$max;
$anfrage="select Name, Beitrag, nr from forum order
by nr limit $nx,$n";
$ergebnis=mysql_query($anfrage);
$n=mysql_num_rows($ergebnis);};

echo "<table border='3' width='100%'><tr
bgcolor='#c0c0c0' >
<td><font size ='4' color='#FF0000'>
Name</font></td>
<td><font size ='4'
color='#FF0000'>Beitrag</font></td>
</tr>";

for($i=1;$i<=$n;$i++)
{$zeile=mysql_fetch_array($ergebnis);
echo "<tr><td valign='top' align='left'
width='20%'>".$zeile[0]."</td>
<td valign='top' align='left'
width='80%'>".nl2br($zeile[1])."</td></tr>";};
echo "</table>";

mysql_close($link);  ?>
```

Die Datei **forum2.php**:

```html
</body></html>
<html>
<head><title>Forum</title></head>
<body bgcolor='#33CCFF'>
```

```php
<?php
$submit=$_POST["submit"];
if ($submit=="Abschicken"):
$Name=$_POST["Name"];
$Beitrag=$_POST["Beitrag"];

// Nun wird noch die Eingabe in die Tabelle "tab1"
// der Datenbank "neudb" eingefügt.

$link=mysql_connect("localhost","root","");
mysql_select_db("Datenbank");

$anfrage="insert into forum (Datum,Name,Beitrag)
values (Now(),'$Name','$Beitrag')";

$ergebnis=mysql_query($anfrage);
mysql_close($link);
$submit="False";

echo "<form action='forum2.php' method='post'>

<table width='100%'><tr><TD valign='top'
align='left' ><font  size='+1' color='#FF0000'
size='20%'>
Ihr Beitrag: </font></TD><td align='center'>
Name:      <input type='text' name='Name' size='80'
maxlength ='80' value='$Name'><br><br>
Beitrag:   <TEXTAREA name=Beitrag rows='4'
cols='70' > </TEXTAREA>
</td><td>

<input type='submit' name='submit'
value='Abschicken'><br>
</td></tr></table>
</form>"; ?>

<?php else: // warte auf Eingabe ?>
```

```
<form action="forum2.php" method='post'>

<table width="100%"><tr><TD valign='top'
align='left' ><font  size="+1" color="#FF0000"
size="20%">
Ihr Beitrag: </font></TD><td align="center">
Name:      <input type='text' name='Name' size='80'
maxlength ='80'><br><br>
Beitrag:   <TEXTAREA name=Beitrag rows='4'
cols='70' > </TEXTAREA>
</td><td>

<input type='submit' name='submit'
value='Abschicken'><br>

</td></tr></table>
</form>

<?php endif; ?>
<br>

</body></html>
```

forum1.php in MYSQLi:

```
<html>
<head>
<?php // <meta http-equiv="refresh" content="1";
URL="http://localhost/forum/forum1.php" ></meta> ?>
<title>Forum</title></head>
<body bgcolor='#FFFFCC' onLoad="rfr()">

<script type="text/javascript"
language="JavaScript">
function rfr(){self.scrollTo(0,1000)}
</script>
```

```html
<script type="text/javascript"
language="JavaScript">
 function check()
    {      window.location.href="forum1.php"      }
 setTimeout("check()", 1000);
 </script>
```

```php
<?php
echo "<H2> Forum </H2>";
$link=mysqli_connect("localhost","root","",
"Datenbank");
$anfrage="select Name, Beitrag, nr from forum order
by nr";
$ergebnis=mysqli_query($link,$anfrage);

$n=mysqli_num_rows($ergebnis);

$max=12;
if($n>$max) {$nx=$n-$max;
$anfrage="select Name, Beitrag, nr from forum order
by nr limit $nx,$n";
$ergebnis=mysqli_query($link,$anfrage);
$n=mysqli_num_rows($ergebnis);};


echo "<table border='3' width='100%'><tr
bgcolor='#c0c0c0' >
<td><font size ='4' color='#FF0000'>
Name</font></td>
<td><font size ='4'
color='#FF0000'>Beitrag</font></td>
</tr>";

for($i=1;$i<=$n;$i++)
{$zeile=mysqli_fetch_array($ergebnis);
echo "<tr><td valign='top' align='left'
width='20%'>".$zeile[0]."</td>
```

```
<td valign='top' align='left'
width='80%'>".nl2br($zeile[1])."</td></tr>";};
echo "</table>";

mysqli_close($link); ?>
```

forum2.php in MYSQLi:

```
</body></html>
<html>
<head><title>Forum</title></head>
<body bgcolor='#33CCFF'>


<?php
if(isset($_POST["submit"]))
{$submit=$_POST["submit"];} else {$submit = " ";}
if ($submit=="Abschicken"):
$Name=$_POST["Name"];
$Beitrag=$_POST["Beitrag"];


// Nun wird noch die Eingabe in die Tabelle "tab1"
// der Datenbank "neudb" eingefügt.

$link=mysqli_connect("localhost","root","",
"Datenbank");

$anfrage="insert into forum (Datum,Name,Beitrag)
values (Now(),'$Name','$Beitrag')";

$ergebnis=mysqli_query($link,$anfrage);
mysqli_close($link);
$submit="False";

echo"<form action='forum2.php' method='post'>
```

```
<table width='100%'><tr><TD valign='top'
align='left' ><font  size='+1' color='#FF0000'
size='20%'>
Ihr Beitrag: </font></TD><td align='center'>
Name:     <input type='text' name='Name' size='80'
maxlength ='80' value='$Name'><br><br>
Beitrag:   <TEXTAREA name=Beitrag rows='4'
cols='70' > </TEXTAREA>
</td><td>

<input type='submit' name='submit'
value='Abschicken'><br>

</td></tr></table>
</form>

<?php endif ?>
<br>

</body></html>
```

Unter http://php-beispiele.galaxieswar.de sind diverse Beispiele zum Buch zu finden.

www.ingramcontent.com/pod-product-compliance
Lightning Source LLC
LaVergne TN
LVHW080101070326
832902LV00014B/2354